Todo lo vivido

IÑAKI URDANGARIN

Todo lo vivido

Triunfos, derrotas y aprendizajes

Grijalbo

Papel certificado por el Forest Stewardship Council®

MIXTO
Papel | Apoyando la silvicultura responsable
FSC® C117695

Penguin Random House Grupo Editorial

Primera edición: febrero de 2026

Printed in Spain – Impreso en España

ISBN: 978-84-253-7457-9
Depósito legal: B-1.255-2026

Compuesto en Compaginem Llibres, S. L.
Impreso en Liberdúplex, S. L.
Sant Llorenç d'Hortons (Barcelona)

GR 7 4 5 7 9

Para ti, papá, que no pudiste leerme

TXIKI

Índice

QUINTA PARTE. EL NUEVO IÑAKI

Nota del autor

Cuando oigo la palabra «memorias» me vienen a la cabeza unos gruesos libros sobre personalidades de gran importancia, figuras cuyo profundo calado social, académico o profesional justifica el interés de cualquier lector por conocer su vida de forma pormenorizada… y debo confesar que esa palabra me pesa un poco. Siento que me viene grande y, en el fondo, no creo que este libro pueda ser considerado exactamente como tal. Para empezar, no tengo en absoluto la pretensión de creerme un personaje tan importante como para que mis recuerdos merezcan ser contados por el simple hecho de mi supuesta relevancia y, sobre todo, el objetivo de este libro pasa por otro lugar.

En estas páginas he intentado ofrecer un relato experiencial de aquellos episodios de mi vida que me proporcionaron valiosos aprendizajes, los que me hicieron crecer, los que me convirtieron en la persona que soy ahora. Lo único que pretendo es compartir estas vivencias y reflexiones por si pueden resultar de ayuda a otros que estén pasando por situaciones similares, o que, simplemente, también necesiten encontrar un propósito para seguir adelante. Este libro, por lo tanto —y aunque contiene muchos episodios de mi vida desde la niñez hasta la actualidad—, quizá no pueda ser considerado unas memorias como tal, sino más bien el retrato de la persona que desea darse a conocer más allá del personaje, y ayudar con su experiencia en la medida de lo posible.

Introducción

Durante muchos años, mi vida ha sido contada por los demás. Periodistas, jueces, tertulianos, desconocidos... Todos parecen saber quién soy yo, qué pienso, qué hago, por qué lo hago. Y yo, hasta ahora, he optado por el silencio. Por prudencia, por respeto, por miedo... por muchas razones. Algunas buenas. Otras, no tanto.

Hoy, por primera vez, quiero contar mi historia con mi propia voz. No para justificarme ni para buscar compasión ni para maquillar errores. Al contrario: escribo este libro porque necesito mirar de frente todo lo que he vivido —las cumbres, pero también los valles—, compartirlo con honestidad y cerrar etapas.

Y cuando miro hacia atrás, la verdad es que he vivido cosas extraordinarias. Desde una infancia sencilla y feliz, hasta alcanzar lo más alto del deporte profesional, con cinco Copas de Europa consecutivas junto a un equipo al que aún considero mi segunda familia.

El deporte marcó profundamente mi vida. Me educó en valores que hoy reconozco como esenciales: la cultura del esfuerzo, la disciplina diaria, la humildad ante la derrota y la responsabilidad que conlleva la victoria.

Aprendí que nada se consigue sin trabajo, que los grandes logros no se improvisan y que todo sacrificio, si tiene sentido, merece la pena. Esa mentalidad me enseñó a superar límites y, sin duda, me sostuvo también en los momentos más oscuros, cuando parecía que todo se venía abajo.

El deporte me formó para caer… y volver a levantarme

Me casé por amor, tuve cuatro hijos maravillosos, formé parte de la familia real, viví entre palacios, recepciones y despachos, en un mundo muy alejado de las canchas de entrenamiento o del amado pueblo de mi infancia.

Y luego cometí errores. Me equivoqué, y esas decisiones me llevaron a perderlo todo. Fui juzgado, condenado y pasé más de mil días y mil noches en prisión. No hay forma suave de decirlo. Fue así. Y, aunque duele, es parte de lo que soy.

Pero también es cierto que, en medio de esa caída, encontré algo que nunca había tenido: silencio. Tiempo. Introspección. Y, sobre todo, verdad. Tuve que mirarme sin excusas. Sin títulos, sin protecciones. Tuve que desnudarme ante mí mismo.

Este libro nace de ese proceso. No es un ajuste de cuentas. Es una búsqueda de sentido. He decidido escribirlo porque creo que los aprendizajes —especialmente los que vienen del dolor— no deberían guardarse en una caja fuerte. Sirven si se comparten. Y como he dicho, yo quiero poner los míos al servicio de quien los pueda utilizar.

Muy especialmente, al de mis hijos. Para que todo lo sufrido tenga un retorno positivo. Para que ellos encuentren, en estas páginas, un gesto de gratitud por su fortaleza silenciosa, por su amor incondicional.

Quiero hablar de caídas, sí, pero también de cómo se levanta uno. De lo que significa de verdad la palabra «reinventarse». De lo que cuesta pedir perdón y de lo que vale perdonarse a uno mismo. De lo que significa renunciar a la imagen pública para recuperar a la persona que fui y que ahora vuelvo a ser.

De cómo se vuelve a empezar desde cero

Hoy vivo en Vitoria. Llevo una vida sencilla, casi monástica, sin cámaras ni titulares. Intento ser el mejor padre para mis hijos, mejor hijo, mejor pareja, mejor amigo. Me he formado —y sigo formándome— como *coach*, porque creo sinceramente que todo lo que he vivido y aprendido puede tener valor para otras personas que también estén atravesando momentos difíciles en su vida, en su trabajo, en sus relaciones, reinvenciones forzadas o voluntarias. La palabra «evolución» se ha vuelto clave en esta nueva etapa, en mi forma de estar en el mundo; trabajo para evolucionar en cada uno de mis roles, como persona y como profesional.

Tras alcanzar la gloria y bajar a los abismos, encontré finalmente el mayor de los tesoros para cualquier ser humano: un propósito. El mío, crear un espacio donde acompañar a todos aquellos que están en la búsqueda del suyo, que necesitan hacer esa parada en boxes para definir una mejor ruta en su vida, para enfrentarse a nuevos retos desde un lugar más consciente.

No tengo grandes aspiraciones. Solo quiero ser útil. Estar presente. Escuchar. Aportar algo bueno.

Ya no necesito demostrar nada. Hoy, mi ambición se resume en tres cosas: paz interior, vínculos verdaderos y honestidad. He aprendido que menos es más. Y que, a veces, solo cuando lo has perdido todo, descubres quién eres en realidad.

Esta es mi historia. No es perfecta. No pretende ser ejemplar. Pero es sincera. Y, si al leerla, alguien se siente acompañado, comprendido o inspirado para dar un paso adelante en su propia vida... entonces habrá merecido la pena.

Iñaki Urdangarin

PRIMERA PARTE

Infancia, valores y deporte

Lo que parecía un final…

Lunes, 18 de junio de 2018, Brieva, Ávila,
cárcel de mujeres

Las puertas se cierran detrás de mí. Y sé, con una certeza que me atraviesa como un afilado cuchillo, que no se volverán a abrir pronto. En ese instante, empieza para mí una pesadilla que nunca imaginé.

Entrego mi teléfono móvil —mi único vínculo con el exterior— y, junto con él, todo lo que me quedaba de control sobre mi mundo. Los funcionarios inspeccionan mi ropa. Me cachean. Me hacen preguntas. A cada paso, nuevas puertas se van cerrando. La del despacho, la de acceso al módulo, la de mi celda… la de mi vida.

Un médico, una psicóloga y la subdirectora me interrogan:

—¿Toma alguna medicación?

—¿Tiene alergias?

—¿Es aprensivo?

—¿Prefiere menú normal o vegetariano?

Respondo como puedo, sin voz, sin energía. Mi cuerpo está ahí, pero yo no. Siento que he caído por un agujero, un pozo sin fondo por el que voy a seguir cayendo durante mucho tiempo, sin atisbar el final.

Me permiten una última llamada. Llamo a casa. La voz al otro lado del teléfono me sostiene durante unos segundos… hasta que me conducen a mi celda.

Es un módulo especial. Allí, antiguamente, las reclusas daban a luz. La celda tiene un pequeño baño —algo insólito en una prisión—, una cama, un escritorio, una salita contigua con televisión y acceso a un patio reducido. Me informan de que solo podré hacer diez llamadas a la semana. Como todos los presos.

Y, entonces, se cierra la puerta.

En ese preciso momento, me viene un único pensamiento.

No voy a poder soportarlo.

Quiero desaparecer. Quiero que me trague la tierra. Soy un hombre acostumbrado a la gente, vengo de una familia numerosa, siempre he trabajado en equipo, en contacto constante con los demás. He vivido toda mi vida rodeado de personas. Y, de pronto, estoy solo. Absolutamente solo. Y sé, con una certeza desoladora, que esta soledad no durará días ni semanas: durará mil noches.

Lloré todo el verano. Los tres primeros meses fueron de lágrimas calladas, de desesperación contenida, de días que no pasaban y de noches que no terminaban.

Despojado de mi familia, de mis vínculos, de mis objetos, de mi nombre.

Era solo un interno más, con un número, en una habitación de 8 metros cuadrados. Un hombre reducido al silencio, con el eco de su propia conciencia como única compañía.

Y, sin embargo, poco podía sospechar en aquellos primeros momentos de desesperación que lo que parecía un final… iba a ser un nuevo comienzo.

Porque entre aquellas paredes desnudas comenzó algo distinto. Algo inesperado. Algo que no fue inmediato ni heroico ni lineal... pero que, con el tiempo, se convertiría en el motor de una transformación profunda.

Pero para llegar hasta ese lugar —al momento más oscuro de mi anterior vida y el comienzo de una nueva—, tuvieron que pasar muchas cosas antes.

Empecemos la historia por su verdadero principio.

En la mente del principiante hay muchas posibilidades; en la del experto hay pocas.

Shunryu Suzuki
Mente zen, mente de principiante

Capítulo 1

No dejes de entrenar

Soy el sexto de siete hermanos.

De padre vasco y madre belga, crecí en una familia católica, numerosa, donde las palabras «respeto», «trabajo» y «ayuda al prójimo» no eran lemas abstractos, sino valores simples y firmes, parte de nuestro día a día.

Mis padres se conocieron siendo muy jóvenes, en Madrid. Mi madre, Claire, había venido desde Bélgica para aprender español. Vivía con su hermana Janine en uno de esos pisos de estudiantes con más ruido que metros cuadrados.

Mi padre, Juan Mari, estaba preparándose para el examen de acceso a ingeniería. Vivía con unos amigos en la misma pensión, justo enfrente. Las ventanas de ambos pisos se miraban y, como suele pasar cuando hay juventud de por medio, alguien siempre mira un poco más de la cuenta.

Fue Janine quien hizo de puente. Coincidió una tarde con mi padre y sus amigos, intercambiaron alguna broma y acabaron charlando. Días después, al cruzarse de nuevo, Janine les dijo que su hermana no se encontraba bien y que se había quedado en casa, descansando.

Mi padre, que ya le había echado el ojo, no se lo pensó.

—Pues vamos a hacerle compañía, ¿no?

Así, con esa naturalidad que siempre le había caracterizado, se presentó en el piso de las dos belgas y, cuando mi madre le abrió la puerta, se miraron como si ya se conocieran de antes.

—Hemos venido para ver cómo estás —saludó él, sonriendo.

—Ahora un poco mejor… —respondió ella, con ese suave acento que, según asegura mi padre, le pellizcó el corazón.

Sería romántico decir que fue un flechazo instantáneo. Pero no lo fue. Mi madre ya había tenido suficientes experiencias con chicos locales que se acercaban a las extranjeras con la excusa de practicar inglés o el idioma que fuera. Siempre había un interés detrás. Por eso, cuando conoció a mi padre, al principio puede que estuviera un poco a la defensiva. Pero le sorprendió su forma de ser, tan honesta y clara. Le transmitía una sensación de calma, de alguien que no tenía prisas ni dobleces. Y lo que realmente marcó la diferencia fue lo que vino después.

Todas las mañanas, a las ocho en punto, mi padre la acompañaba a pie hasta la oficina donde trabajaba. No había promesas ni galanteos. Solo un interés genuino en conocerla. Un cuidado sincero.

Así, sin ruido, la fue enamorando.

Pero, como suele ocurrir, el amor no siempre llega en el mejor momento. Mi padre tenía una relación en su pueblo y unos padres que esperaban que estudiara en Bilbao, se casara con «una chica de allí» y mantuviera la tradición familiar. Mi madre rompía todos esos esquemas. Y aun así, él no dudó sobre qué era lo que tenía que hacer. En un giro un poco más radical de lo que nadie se esperaba, se marchó a Londres con mi madre para cursar su carrera en una universidad británica y, un poco más tarde, Claire y Juan Mari se casaron en París. Fue un golpe duro para la familia.

Pero como veremos más adelante, cuando mi padre tenía claro que algo era lo correcto, no valía la pena ponerse a discutir.

Mis padres siempre han recordado con cariño los tiempos de Londres, aunque reconocen que no fueron lo que se dice fáciles. Vivían prácticamente con lo justo. Por suerte, el idioma nunca fue un problema para mi madre, que era políglota, hablaba a la perfección francés, flamenco, inglés y ya manejaba bastante bien el español. Se puso a dar clases de idiomas, mientras mi padre estudiaba, trabajaba por las tardes dando clases de matemáticas y a veces atendía en una tienda.

Con pequeños ingresos y algo de ayuda familiar, tiraron adelante. Una señora mayor que vivía sola les alquiló una parte de su casa por muy poco dinero. Se habían hecho amigos, y aquella mujer encontraba en los recién casados una compañía casi familiar. Así pasaron sus primeros años de matrimonio en Inglaterra, donde tuvieron a sus tres primeras hijas: la mayor de mis hermanas, Ana, nació en 1958. Un año después llegó Clara (a la que siempre se la llamaría Baby en familia). Y, por último, Cristina, en 1962.

Mi abuelo materno, empresario con negocios por toda Europa, aprovechó para tenderles una mano y traerlos de vuelta a España. Tenía en marcha una explotación de minas de feldespato de flúor en Viladrau, un pequeño pueblo del Montseny, y le propuso a mi padre ser el director de la operación. No era una oferta cualquiera: suponía mejorar sus condiciones de vida y acercarse a la familia.

Y así fue como mis padres dejaron atrás las calles grises de Londres para instalarse en una casa humilde, rodeada de naturaleza, en lo profundo de ese hermoso valle catalán.

Allí empezó otra etapa.

Allí empezó, también, mi historia.

Un niño de campo

Viladrau, en la década de los sesenta y setenta, era un pequeño pueblo rodeado de bosques densos, caminos de tierra, prados abiertos y cielos limpios. Apenas vivían allí mil personas. Un sitio donde todos se conocían, y donde la vida se medía por el ritmo de las estaciones, no por el reloj. Las calles eran estrechas, las tardes de invierno olían a chimenea y las noches te arropaban con un silencio que la ciudad no conoce.

Cuando mis padres llegaron al pueblo, era pleno mes de julio y muchas de las casas ya estaban alquiladas a familias que iban a pasar allí el verano. Al no encontrar alojamiento, pasaron las primeras semanas viviendo en un pequeño hostal, hasta que en septiembre pudieron instalarse en una casa en la entrada del pueblo.

Era una casa estrecha, de techos altos, agradable pero de distribución algo incómoda. En el salón de la planta baja, mi padre montó su despacho: una mesa grande, planos, papeles, muestras de minerales... y, para sorpresa de cualquiera que lo oyera hoy, también guardaba allí los enseres de las minas, incluida la dinamita que usaban para abrir túneles. Así eran las cosas entonces.

Mi madre, por su parte, encontró pronto la manera de integrarse en la comunidad: empezó a dar clases de inglés y francés a los vecinos del pueblo. Era muy cercana, y pronto se ganó el cariño de la gente.

Mi padre y su inseparable amigo Ramón Crivillé se movían entre la casa y la mina montados en un Fiat Campagnola, un jeep italiano, robusto, pensado para los caminos de tierra. En los trayectos más cotidianos, usaba un DKW. Eran prácticamente los únicos coches que se veían durante el año por aquellos lares. Mis padres eran también de los pocos forasteros que se quedaban durante el invierno, y eso provocó que pronto se hicieran un lugar dentro de la comunidad. Aquella experiencia de arraigo marcó nuestra relación con Viladrau para siempre.

Un año después del nacimiento de Cristina, llegó el cuarto de mis hermanos, y el único chico, además de mí: Miguel, Mitch para todos nosotros. No nació en el pueblo por muy poco. Eran las fiestas, y la comadrona estaba «indispuesta», así que cuando mi madre se puso de parto tuvieron que correr a Vic, y en el hospital de esa localidad fue donde vino al mundo. Después llegó mi hermana Laura, que nació en el País Vasco, durante las vacaciones navideñas de 1965 con los abuelos. Y en enero de 1968, también como regalo de Navidad y también en Zumarraga, Euskadi, llegué yo al mundo. Durante cuatro años fui el pequeño de la casa, y de ahí se me quedó el mote de Txiki, aunque luego, ya en Barcelona, llegaría la última de mis hermanas, Cuca.

Fue justo por las fechas de mi nacimiento que mis padres decidieron dejar atrás el negocio de las minas y mudarse a la Ciudad Condal, donde mi padre empezó a trabajar en una multinacional americana. Pero, aunque cambiamos la vida rural por la urbana, Viladrau nunca quedó atrás. Conservamos la casa y seguíamos yendo todos los fines de semana, y también buena parte de los veranos, aunque no siempre completos: a veces mis hermanos mayores viajaban al extranjero para mejorar su inglés, y los pequeños recorríamos Europa en coche con mis padres.

Pero Viladrau siempre era el refugio. El hogar emocional.

Allí estaban las raíces. La conexión con la tierra, con el monte, con la naturaleza. Los días que pasábamos en el pueblo brillan en mi memoria con una fuerza especial.

Por eso, aunque crecí en Barcelona, siempre me he sentido un chico de pueblo.

Mi infancia está tejida con recuerdos de aquel hermoso valle.

Uno de los primeros que conservo es subiendo el Matagalls a hombros de mi padre. Pero son tantos y tan felices... Me acuerdo especialmente de mi amigo Carlos Masvidal: nuestros padres se reunían el fin de semana y nosotros nos íbamos a pescar o montábamos en moto o andábamos por el monte.

En casa éramos muchos, una auténtica familia numerosa, que amábamos hacer excursiones en grupo. Cierro los ojos, y todo vuelve a mí como si aquellos tiempos no se hubieran ido. Naturaleza, planes al aire libre, risas, deporte, juegos, carreras de motos, bocatas envueltos en papel de aluminio... cosas pequeñas, que ahora reconozco como enormes.

Ya he dicho que nunca llegué a identificarme plenamente como un niño de ciudad, quizá solo en apariencia. Y es que, en cuanto llegábamos a Viladrau, algo cambiaba en mí. Era como si mi cuerpo respirara distinto. El campo, la montaña, el aire puro... El Iñaki de los fines de semana y los veranos era todo movimiento, zapatos destrozados y llenos de barro, costras en las rodillas, rugir de motos y olor a gasolina... libertad.

Allí era feliz. No puedo describirlo de otra manera. Así, sin más.

Debo reconocer que, como niño, tenía una energía difícil de gestionar. Mi madre solía definirme (sigue haciéndolo) como intenso en todos los sentidos. Mis padres —ahora entiendo que buscando un poco de descanso— me animaban a estar ocupado durante el verano. Algo a lo que yo no ponía ningún reparo, porque necesitaba estar siempre en movimiento. Recuerdo esos días de siesta, cuando la casa entera se apagaba por un par de horas, y yo, en lugar de dormir, me escapaba al colmado Can Portet. Me encantaba presentarme allí para ayudar a los dueños en lo que necesitaran.

Se trataba de la típica tienda de pueblo donde se vendía de todo: desde patatas y verduras hasta grano para animales. Se ofrecían productos básicos, algunos a granel, otros al por menor, y los estantes de madera estaban abarrotados de botes y latas alineados como soldados; al fondo, había una trastienda enorme que servía tanto de almacén como de trastero. Allí se amontonaban sacas de avena, maíz, legumbres secas… que los vecinos compraban para alimentar a sus animales o para abastecer la despensa.

La fruta y la verdura fresca se exponían en cajas en la entrada, de cara a la calle. Todo lo que uno necesitaba para comer bien. Lo esencial.

El local era pequeño y estaba conectado con la vivienda familiar a través de una larga escalera que subía hasta el piso superior, donde vivían los Portet. Se trataba de un matrimonio entrañable, personas generosas, sencillas, siempre con una palabra amable. El señor Portet poseía un Land Rover Pickup que cuidaba como un tesoro y que usaba para ir a por los suministros a Vic y al resto de la comarca.

Era, sin exagerar, su mayor orgullo.

Nada más entrar, te recibía el olor: una mezcla de cítricos, semillas y café molido. El aroma cambiaba con las estaciones, pero siempre tenía ese fondo terroso y cálido de pueblo. Allí olía a vida.

Las mujeres del pueblo llegaban con bolsas de tela o capazos de mimbre. Se quedaban un rato más de lo necesario, charlando entre ellas mientras el dueño pesaba unos tomates en la balanza, preguntaba por los hijos, comentaba el tiempo o alguna noticia local. Me gustaba escucharlas, impaciente, cambiando el peso de un pie a otro, a la espera de que me dijeran qué podía hacer yo.

La balanza tenía dos platos metálicos, y detrás estaba el dueño, siempre con alguna orden que darme, pues sabía que la esperaba con ansia de ayudar. El señor Portet me hablaba siempre en catalán, y eso también me ayudaba a practicarlo. Y me llamaba Txiki, como en casa; en Viladrau todo el mundo me conocía por ese mote.

—*Txiki, ves a buscar un quilo de patates al magatzem.*

—*Txiki, porta aquest paquet a ca la Montserrat, si us plau.*

—*Txiki, desa aquestes ampolles, però compte no et caiguin, eh?*

A mí me encantaba obedecerle. Me hacía sentir mayor, responsable. Me hacía sentir que valía. Nadie me obligaba a hacerlo. A cambio, recibía una moneda o dos para comprarme alguna chuchería.

Podría decir que Can Portet fue mi primer trabajo, pero también mi primera escuela de muchas cosas: del trato con la gente, del amor por el trabajo bien hecho, del cuidado de los detalles. Aprendí también lo que significa tener un lugar, aunque sea pequeño, donde alguien te da una tarea que importa. Que de verdad te hace sentir útil. Algo que perdí mucho tiempo después… Pero ya llegaremos a eso.

Otro verano trabajé en la granja Mas el Pujolà, propiedad de una familia amiga de mis padres. Allí ordeñaba vacas, alimentaba a los animales, ayudaba en el huerto… tareas sencillas, pero que a mis ojos eran casi una misión. A veces, volvía a casa con un cántaro de leche fresca o una bolsa de patatas como paga. Me sentía el niño más afortunado del mundo. De hecho, cuando alguien me preguntaba en aquella época qué quería ser de mayor, siempre respondía lo mismo:

—Granjero.

Con el tiempo entendí que en esa sencillez estaba todo lo esencial.

Esa infancia no es solo un recuerdo feliz. Me marcó. Me sostuvo más adelante.

En los años duros que vendrían después, en los momentos de soledad, en los espacios cerrados donde la vida se te achica... solía regresar con la memoria al Viladrau de mi infancia. A sus olores, a las voces del pasado, al tacto de las cosas simples. Y ese recuerdo, ese paisaje interior, fue muchas veces mi faro en la oscuridad.

Un niño de ciudad

En paralelo, mi vida también se desarrollaba en Barcelona, en plena ciudad. Allí, entre las calles rectas y los bloques simétricos del Eixample, transcurría el otro lado de mi niñez.

Vivíamos en la calle de Consell de Cent, una vía larga, ruidosa, con sus árboles, sus fachadas clásicas y balcones de hierro forjado. En los años setenta, Barcelona era una ciudad en transición: aún conservaba el pulso pausado de los barrios, pero ya empezaba a sentirse el ajetreo moderno de una urbe que miraba hacia el futuro.

Mi padre trabajaba en el mundo de la empresa desde que llegamos. Siempre estuvo vinculado a compañías extranjeras con sede en España. Empezó en una multinacional del cemento, luego pasó a otra de derivados del petróleo y terminó su carrera profesional en Fuchs Lubricantes, una empresa alemana. Trabajaba mucho y tenía grandes responsabilidades, pero nunca lo vi quejarse.

Mi madre era el corazón de la casa. A veces parecía que podía con todo: siete hijos, la comida, los deberes, las enfermedades, los cumpleaños, las vacaciones... y aún le quedaba tiempo para trabajar en una tienda de lanas y confección con su vecina Rosa. Si faltaba algo, lo resolvía. Si uno caía, lo levantaba. Tenía una firmeza dulce y una paciencia a prueba de sobresaltos. Aunque también debo decir que dominaba el arte de lanzar unas miradas que se te quitaban las ganas de repetir la trastada que la había suscitado.

Crecí en ese entorno: un hogar donde se nos inculcaba cada día los valores importantes. Trabajo. Esfuerzo. Familia. Respeto. Nada se regalaba. Todo se ganaba. Nos enseñaron a arremangarnos, a ocuparnos de los demás, a ayudarnos entre hermanos, aunque a veces también discutiéramos como fieras. Éramos muchos, y eso nos obligaba a aprender a convivir. A ceder, a esperar, a compartir.

Pero siempre nos apoyábamos unos a otros.

La figura de mi padre, vista ahora con ojos de adulto y desde la actualidad, tenía mucho del modelo clásico de entonces, y supongo que podría leerse como patriarcal. Pero no recuerdo que nada en casa se viviese como una imposición. Lo que había era un proyecto común. Una familia grande, unida, con una dirección clara.

Mi primer parvulario estaba justo al lado de casa, y mi compañero de pupitre era el hijo de Peret, el rey de la rumba catalana.

Vivía en el mismo bloque que yo, pero en el portal de al lado. Muchas tardes subía a su casa a merendar o a hacer los deberes. Me fascinaba entrar allí: el salón era oscuro y elegante, con música siempre sonando de fondo, y las paredes llenas de discos dorados y plateados, colgados como si fueran cuadros.

Recuerdo el primer día que los vi.

—¿Por qué enmarcáis los discos? —le pregunté a mi amigo, extrañado.

—Nooo, estos se los dan a mi padre cuando vende muchos —rio mi compañero.

Aquello era otro mundo. Un universo de escenarios, camerinos, instrumentos... completamente ajeno al mío. Pero me gustaba. Y me parecía increíble que alguien tan famoso viviera tan cerca, que fuera tan normal, tan accesible. Mucho tiempo después, y por diversas razones, yo mismo sabría lo que significa ser conocido, y comprendí que detrás de la fama siempre hay una persona que solo unos pocos conocen de verdad.

Más tarde cambié de colegio para cursar la EGB, y dejamos de vernos. Nunca más supe de él. Pero esa imagen de los discos dorados colgados en la pared se me quedó grabada como una estampa de aquella Barcelona de mi infancia. Una ciudad donde convivían la tradición y lo popular, lo humilde y lo extraordinario.

Los Jesuitas y mis inicios en el balonmano

Cursé la EGB en el colegio de los Jesuitas, en la calle Caspe. Recuerdo su entrada principal, con aquella escalinata de piedra que te hacía sentir pequeño, y en el centro, una escultura inmensa de Jesucristo, que parecía recibirte... o vigilarte, según te hubieras portado ese día.

Los pasillos eran largos, a veces sombríos, y en la segunda planta estaba la capilla, donde nos reuníamos cada semana. En la primera planta, había algo que a mí me fascinaba: el museo de ciencias naturales. No era muy grande, pero estaba lleno de vitrinas con animales disecados: desde una enorme anaconda enroscada tras un cristal, hasta el insecto más diminuto. Había mariposas exóticas, esqueletos humanos, aves con plumajes imposibles... como si fuera un lugar sacado de la imaginación desbordante de un escritor de fantasía.

Los patios eran pequeños, con un eco característico que se colaba por las ventanas de las aulas. El suelo de baldosas estaba tan desnivelado que era famoso entre los otros colegios con los que competíamos en los partidos.

Aun así, aquellos patios eran el centro de mi vida escolar. En los días de lluvia, el soportal nos servía de refugio improvisado. Y cuando tenía que elegir entre ir a clases de guitarra y solfeo o quedarme un rato más jugando con Jordi y Carlos, dos de mis mejores amigos…, no había mucha duda. La guitarra podía esperar. El balón, no.

En la planta menos uno estaba el comedor, con su olor inconfundible: una mezcla de todo lo que se cocinaba ese día —sopa, pasta, guisos, postres—. Con solo acercarnos, ya sabíamos lo que tocaba comer por el olor que subía por las escaleras. Era un autoservicio, sencillo, sin pretensiones, pero suficiente para una horda de chiquillos hambrientos.

Los vestuarios eran viejos, casi de otra época, y allí mandaba el señor Robles, que se movía entre los bancos como un general de la vieja escuela, intentando mantener el orden entre decenas de niños sudados, gritones y desbordados de energía.

El colegio tenía un aire antiguo y algo destartalado, pero para mí era un orgullo formar parte de él. Y si había un objeto que cuidaba como oro en paño, era la camiseta verde con una franja blanca en el centro, el uniforme del equipo con el que jugábamos los partidos. La doblaba y la colocaba en mi armario casi con reverencia, como si fuera mi bien más preciado. Recuerdo que esa camiseta era mi tesoro.

Y también recuerdo que yo no era precisamente un alumno brillante.

No se me daba mal estudiar, pero tampoco me apasionaba. Algunas asignaturas me gustaban más que otras, como a todos. Las ciencias me interesaban, aunque las matemáticas no llegaron a encajar en mi mente hasta años después, ya en Vitoria, cuando una profesora supo explicármelas de verdad. La historia me atrapaba. En cambio, la lengua, la gramática, los análisis sintácticos... se me hacían cuesta arriba.

Era el típico estudiante que suspendía una o dos al final del curso y tenía que ponerse las pilas en verano. Mis padres, que siempre dieron prioridad a que nos responsabilizáramos en los estudios, nos mandaban a mis hermanos y a mí a repasar con las monjas del pueblo, en Viladrau. Asistir a aquel «colegio de verano» suponía enfrentarse a un sinfín de mañanas encerrados en la misma aula donde en invierno se daba clase a los niños del pueblo, mientras mis hermanos y yo contábamos los minutos para volver al aire libre y a las actividades que nos apasionaban. A mi madre le servía para tenernos controlados y entretenidos en un mismo sitio, al menos durante un rato.

Lo que sí me motivaba era la gimnasia, mi cuerpo siempre pedía movimiento. En esa asignatura sacaba las mejores notas, que, muchas veces y por fortuna, me ayudaron a subir la media.

Tenía seis años cuando el balonmano se cruzó en mi camino. No fue una decisión consciente ni una revelación repentina. Fue algo mucho más cotidiano y, por eso, más mágico.

Después de clase, me quedaba esperando a mi hermano mayor en el patio del colegio. Él me llevaba cinco años y formaba parte del equipo de balonmano. Mientras entrenaba, yo me sentaba en un rincón con la mochila aún colgada, viendo cómo se movían por la pista.

No hablaba con nadie. Estaba allí, calladito y milagrosamente quieto. Solo miraba. Y lo que veía me fascinaba.

Había algo en ese juego que me atrapaba.

La forma en que todos los jugadores se desplazaban por la pista con una maravillosa armonía.

Cómo se entendían con una mirada.

Cómo cada pase parecía parte de algo mayor, de un propósito común.

Había velocidad, fuerza, inteligencia... pero, sobre todo, unidad.

Los veía sudar, gritarse, corregirse... pero también aceptar con risas los gritos y las correcciones, y celebrar cada tanto como si fuera el último. Parecían mayores, casi adultos. Para mí, que era apenas un crío, eran dioses. Especialmente mi hermano. Lo observaba con admiración muda, casi sin atreverme a soñar que algún día, ojalá, yo también pudiera estar ahí. Ser parte de algo así.

Sin saberlo, aquel niño sentado al borde de la pista estaba siendo testigo de cómo se encendía una chispa en su interior que no se apagaría nunca.

Hasta que un día, sucedió lo inesperado.

Yo, como cada tarde, estaba sentado en el borde del patio, viendo entrenar a mi hermano mayor y a sus compañeros, cuando de pronto, José María Planells, el entrenador del equipo, se giró hacia mí y me dijo, como quien no quiere la cosa, como quien lanza una frase al aire:

—Nacho —así me llamaban entonces—, en vez de estar ahí sentado... ¿por qué no entrenas con nosotros? Coge un balón y ven a jugar.

Fue como presenciar un milagro.

No recuerdo si le respondí. Creo que solo asentí con la cabeza, sin atreverme a hablar. Me levanté, cogí un balón que rodaba por allí y crucé la pista.

Ese cruce de diez pasos fue, para mí, un salto de vida.

Entré en el juego. Con los mayores. Yo era mucho más pequeño, pero tenía algunas ventajas: era alto, ágil, y tenía hambre. Sobre todo eso: hambre de formar parte de algo.

Desde ese día, nunca más dejé de entrenar.

Un par de años después, cuando ya tenía ocho, entré oficialmente en el equipo benjamín del colegio. Y ahí apareció una figura que marcaría mi vida: Ramón Grau.

Ramón era un hombre alto, siempre sonriente, con una barba frondosa y unos ojos saltones a los que no parecía que se les escapara nada de lo que sucedía en la pista, o incluso dentro de nuestras cabezas. También había sido jugador de balonmano, y eso se notaba: en cómo hablaba del juego, en cómo lo leía, en cómo lo transmitía.

Además de entrenador, era profesor de biología en BUP, y se veía que le apasionaba enseñar, ya fuera en el aula o en la pista. Tenía una energía particular, una mezcla de exigencia y buen rollo que nos mantenía a todos «enchufados». Sabía motivar sin gritar, corregir sin humillar.

Ramón Grau fue mi entrenador durante toda mi etapa escolar, pero fue mucho más que eso. Fue un mentor. Un guía. Entendía el deporte como una escuela de vida y, en cierta medida, no solo nos incitaba a ser mejores jugadores, también nos retaba a ser mejores personas.

Recuerdo con absoluta nitidez el día en que nos despedimos. Yo tenía dieciséis años. Mi familia estaba a punto de trasladarse a Vitoria por el trabajo de mi padre. Cambiaba de ciudad, de amigos, de colegio… y también dejaba atrás mi amado equipo de balonmano. Me iba con el corazón encogido.

Ese día, al final del último entrenamiento, Ramón me apartó un momento. Me miró con esa seriedad afectuosa suya y me dijo:

—Nacho, no lo dejes.

—¿El qué? —le pregunté, aunque sabía la respuesta.

—El balonmano. No lo dejes. Te irá bien. Tú en esto puedes ser bueno.

Me dio un papel doblado. Dentro había esquemas garabateados a mano: jugadas de uno contra uno, salidas rápidas, fintas, apoyos, ejercicios de técnica individual. Era un plan de entrenamiento escrito con cariño, como quien deja instrucciones a un navegante para que no pierda el rumbo.

—Sigue entrenando con esto —me dijo—. Aunque estés lejos. Aunque nadie te vea. No dejes de entrenar.

Lo guardé como si fuera un mapa del tesoro. Y durante mucho tiempo lo fue.

«No dejes de entrenar».

Ese consejo fue más que una consigna deportiva. Se convirtió para mí, casi sin saberlo, en una forma de entender la vida.

Como un aprendizaje constante. Un continuo viaje de superación. Un camino donde abandonar no está permitido.

Esa filosofía del progreso constante —que los japoneses llaman *kaizen*— se me quedó grabada para siempre en la cabeza con solo esas cuatro palabras: «No dejes de entrenar». Ramón me enseñó eso. A confiar en mí, por lo que ya era, pero, sobre todo, por lo que podía llegar a ser si no dejaba de intentarlo.

Capítulo 2

Si vale la pena, sucederá

A lo largo del año 1984, cuando ya sabíamos que mi familia se trasladaría a Vitoria, cuando el cambio era ya inevitable y empezaba a aceptar que tendría que despedirme de mi vida en Barcelona, sucedieron una serie de cosas que parecían orquestadas por el mismísimo universo para hacerme la marcha más difícil todavía.

La primera, a mitad de temporada, fue una llamada.

Si cierro los ojos y me esfuerzo un poco, aún puedo oír cómo sonaba el timbre del teléfono fijo de casa. Yo debía de estar haciendo algo sin importancia porque no lo recuerdo, quizá hojeando una revista o perdiendo el tiempo como hace cualquier chico de quince años cuando no tiene deberes. Mi madre descolgó y, al cabo de unos segundos, me llamó con tono sorprendido:

—Txiki, es para ti... Dice que se llama Toni.

Toni. No conocía a ningún Toni. Tomé el auricular con curiosidad, sin imaginar lo que estaba a punto de oír.

—Hola, ¿Nacho?

—Sí...

—Soy Toni Rubiella, entrenador del equipo juvenil del Barça.

Te he estado siguiendo como jugador y me gustaría hablar contigo... ¿Podemos vernos un momento para charlar?

El corazón comenzó a galopar alocadamente en mi pecho en cuestión de un segundo. No supe qué decir. Balbuceé un «sí, claro» sin entender bien qué estaba ocurriendo. Me preguntó dónde me iría bien quedar y, como no estaba nada acostumbrado a este tipo de interacciones sociales, me aturullé, y tras un largo «eeeh...», lo único que se me ocurrió fue el bar Urgell, que tenía justo enfrente de casa, en la esquina.

Quedamos para el sábado siguiente por la tarde. Me pasé el resto de la semana con un nudo en el estómago, repasando todos mis partidos recientes, preguntándome qué habría visto en mí ese hombre. Era cierto que en aquel último año yo había pegado un estirón más que importante. Era alto, zurdo, tenía talento para moverme bien en la pista y, sobre todo, un lanzamiento potentísimo que era casi mi marca personal. ¿Era posible que el lateral zurdo del colegio de los Jesuitas hubiera terminado por llamar la atención de alguien del Barça? ¿Me habrían confundido con otro jugador, otro Nacho de otro colegio? ¿O tal vez todo era una broma pesada de algún amigo...? Pronto lo sabría.

El sábado llegó por fin, y con él, Toni. Apareció puntual, montado en una Vespa roja, con un aire deportivo, sereno... y definitivamente real. Me saludó con una sonrisa y me invitó a una Coca-Cola. Nos sentamos a una de las mesas del bar, mientras yo intentaba disimular los nervios, y entonces soltó la bomba con toda naturalidad:

—Llevo años viéndote jugar, a ti y a más chicos de Barcelona. Estoy reforzando el juvenil del Barça para la temporada que viene, y queremos hacer unas pruebas para posibles incorporaciones. De tu equipo de Caspe me interesáis especialmente tú y tu compañero

Jordi Pujol-Xicoy. Ese chaval es uno de los pivotes más avispados que he visto últimamente.

Tragué saliva con dificultad y, tras asentir, solo pude decir que sí, que claro, que hablaría con Jordi y que la semana siguiente nos presentaríamos en el Palau para hacer esa prueba.

La reacción de Jordi fue la esperada: gritos, saltos y zarandeos que casi me tumban porque mi amigo era fuerte como un roble. Pero cuando se lo dijimos a Ramón, nuestro entrenador, todo aquel entusiasmo encontró su primer jarro de agua fría. Estaba claro que a Ramón la idea no le hacía demasiada gracia.

—No sé si es lo mejor para ti, Nacho —me dijo con franqueza—. Si te quedas finalmente en Barcelona, yo pienso que el Granollers podría ser una cantera más adecuada.

Yo respetaba mucho a mi entrenador, sabía que deseaba lo mejor para mí y desde luego no quería que creyera que no tomaba en serio su criterio. Pero rechazar esa prueba con el Barça era algo que, sencillamente, no cabía como una posibilidad ni siquiera lejana en mi mente.

El sueño de jugar con el Barça

Durante los días siguientes, a veces me parecía que todo había sido un sueño, y tenía que pellizcarme cada vez que lo pensaba: el Barça quería que hiciera una prueba para entrar en la cantera. Aquello ya me parecía un premio. *Se habían fijado en mí.*

Y encima, la alegría era doble, porque no estaba solo: compartir aquella oportunidad con Jordi la hacía aún más especial.

Cuando llegó el gran día, nos dirigimos juntos hacia el Palau en metro: dos chiquillos de quince años con el corazón tembloroso de emoción, sin poder contener la risa floja, tan nerviosos como si estuviéramos haciendo alguna trastada. Al llegar al estadio, nos costó encontrar la puerta de acceso a los vestuarios porque todo estaba cerrado, y, durante unos momentos de pánico, llegué a pensar que no podríamos hacer la prueba. Finalmente dimos con una rampa que nos permitió acceder a través de un largo pasillo a las tripas del polideportivo. Nos dejaron un vestuario para cambiarnos, lo hicimos en silencio, repentinamente conscientes de la trascendencia del momento.

Salí del vestuario con el corazón desbocado, pero, de pronto, ya no era miedo. Era algo más parecido a una loca impaciencia. La pasarela que conduce a la pista se me antojó interminable, no podía esperar a pisarla. Jordi caminaba a mi lado, aún en silencio. Supongo que ambos teníamos la boca seca y las pulsaciones a mil. Y no era para menos. Mi vista se dirigió hacia la araña de luces que ilumina la pista desde la cúpula. Aquel día, el Palau me pareció todavía más enorme, más mágico, más imponente.

Nada más pisar el famoso parquet oscuro de la cancha, todo pareció ralentizarse. No sé cómo explicarlo, era como si el mundo se hubiera puesto de repente a cámara lenta. El murmullo de los balones botando, el eco de las zapatillas deslizándose por el suelo, la voz del entrenador dando indicaciones… todo me envolvió como una música lejana, pero familiar, que ya conocía de sobra. Sentía con intensidad la madera bajo mis pies, la luz del pabellón delineando todos los contornos de las cosas con nitidez, el olor inconfundible, mezcla de sudor, resina, esfuerzo… Todo estaba en su sitio. Yo estaba en mi sitio. Pertenecía a aquel lugar. Empecé a calentar y el mundo se puso de nuevo en funcionamiento.

La prueba iba a consistir en un entrenamiento con el equipo juvenil del Barça. Aunque Jordi y yo éramos más jóvenes, todavía cadetes de segundo año, Toni Rubiella había decidido que valía la pena vernos en acción junto a los más mayores. Aquello ya hablaba por sí solo del nivel de exigencia del club.

Toni nos reunió a todos en el centro de la pista. Nos colocamos formando un círculo alrededor del escudo blaugrana pintado sobre el parquet. Un escudo que habíamos visto mil veces en la tele o desde las gradas como público y que ahora teníamos a nuestros pies, palpitando bajo nuestras zapatillas.

Toni nos iba dando las instrucciones en tono serio y profesional: después del calentamiento inicial, haríamos lanzamientos a portería, trabajo de uno contra uno y de dos contra dos, después juego posicional y, finalmente, unos minutos de partidillo. Cerraríamos con estiramientos.

Yo lo escuchaba con todos mis sentidos alertas, impaciente.

A mi alrededor reconocí a algunos chicos con los que me había cruzado en la liga escolar. Me dirigieron sonrisas y palabras de ánimo. Ellos ya habían dado el paso de unirse al Barça, ya vestían ese escudo, y se notaba. Su actitud era tan madura… Parecían profesionales imberbes.

Toni dio una palmada y el entrenamiento comenzó. Cualquier atisbo de nervios que pudiera tener quedó atrás, colgado junto a mi ropa de calle en el vestuario. Sabía que todo iba a ir bien.

Y así fue.

Posiblemente, hice uno de mis mejores entrenamientos hasta aquel día. Cada pase que daba encontraba las manos adecuadas. Cada movimiento salía limpio, firme, medido. Cada tiro se colaba en la portería con una precisión que, a veces, me sorprendía incluso a mí. Mi concentración era total; mi conexión con el juego, absoluta.

Esa tarde salí del Palau con una alegría que no me cabía en el pecho. La adrenalina y el orgullo corrían por mis venas embriagándome. Durante los días siguientes no tuve noticias del club, pero no recuerdo que eso me preocupara. Yo no pensaba mucho en el futuro, que de todas formas era incierto, porque la marcha a Vitoria seguía siendo un hecho que cada vez se acercaba más, y yo no sabía muy bien cómo iba a conjugarlo con la entrada en el Barça. Supongo que en aquellos días me bastó la emoción de haberlo dado todo, de haberlo hecho lo mejor que podía. La sensación de haber vivido un sueño.

Valero Rivera entra en escena

Pero el universo seguía jugando sus cartas sin tener muy en cuenta los planes de mi familia. Ese mismo año, nos plantamos en la final del campeonato escolar de Barcelona con el equipo de mi colegio. Para nosotros, eso era tocar el cielo. Nunca antes habíamos llegado tan lejos. Y esa final la jugábamos nada menos que contra el SAFA, el Sagrada Familia, que era el mejor equipo del momento en esa categoría... y lo entrenaba Valero Rivera.

Sé que muchos conoceréis este nombre, sobre todo los que estáis familiarizados con el balonmano, pues se trata de uno de los entrenadores más laureados de la historia. Pero, por aquel entonces, su leyenda aún estaba en construcción. Era un chico joven, estaba haciendo una labor alucinante con el SAFA, había sido jugador del Barça y había aterrizado hacía poco en el primer equipo con un proyecto muy potente entre manos. Su filosofía triunfadora se materializaría pronto en una realidad cuando comenzó a ganarlo todo, empezando por tres Recopas de Europa. Desde entonces, no paró.

Edificó un equipo hegemónico, admirado en toda Europa y conocido como el Dream Team del balonmano... Un equipo del que yo formé parte. Bajo su liderazgo, alzamos más de cincuenta títulos, entre ellos seis Copas de Europa.

Pero todo eso estaba por venir. En aquel momento, para mí Valero era, sobre todo, el entrenador del SAFA, el mayor rival al que nos habíamos enfrentado yo y mis compañeros del colegio como equipo. Aquel partido era un reto enorme, lo que no podía imaginar es que sería el primer cruce de caminos con alguien que acabaría siendo tan fundamental en mi carrera y en mi vida.

Como más tarde comprendí, yo había estado en el punto de mira de Valero desde hacía un tiempo, pues Toni Rubiella, el ojeador que me había convocado a la prueba en el Palau, era su segundo entrenador y su mano derecha tanto en el Barça como en el SAFA. Aunque yo no lo sabía aún, esa prueba de la que no había tenido más noticias no había caído en saco roto.

El día de la final contra el Sagrada Familia, que se jugaba en un campo neutral, comenzó siendo muy emocionante. Nunca solía venir mucha gente a vernos a los partidos del campeonato escolar, a excepción de la familia, pero ese día el perímetro de la pista estaba lleno a rebosar. Era nuestro primer partido con público, y eso nos hizo sentir importantes. La energía de todos aquellos espectadores se nos contagió en cuestión de segundos y nos electrizó.

Sin embargo, las buenas vibraciones duraron poco. Desde el primer minuto supe que aquel partido iba a ser durísimo. El equipo del SAFA era implacable. Pero los verdaderos problemas llegaron cuando metí mi primer gol por toda la escuadra. Valero decidió entonces hacerme un marcaje personal brutal y, a partir de ahí, casi no me dejaron respirar. Apenas podía recibir un pase sin tener encima a un rival asfixiándome.

Yo intentaba crear huecos, buscar espacios, pero no encontraba salida. Me frustré. Y esa frustración me jugó una mala pasada. Me sacaron una tarjeta roja que aún recuerdo con amargura, porque era la primera —y una de las pocas— de toda mi carrera. No supe gestionarlo mejor. No tenía todavía las herramientas mentales que más tarde como jugador profesional adquiriría.

Pasé la parte final del partido en el banquillo, sabiendo que no podía hacer nada más por mis compañeros y escuchando los gritos del público. Fue uno de los momentos más duros de mi adolescencia. Perdimos. Y aunque eso fue tremendo, había algo peor: me sentí decepcionado conmigo mismo.

Ese era mi estado de ánimo al acabar el partido, cuando Valero Rivera en persona se acercó donde estábamos mi padre y yo —él intentaba animarme como podía— para hacernos una proposición que me dejó con la boca abierta.

Un sueño que se esfuma... de momento

Lo recuerdo como si fuera ahora. Nos encontrábamos con el resto de padres y compañeros del equipo en el vestuario, después de ducharnos. En ese momento, Valero se dirigió directo a mi padre y se presentó. Yo estaba a su lado y reconozco que al principio no le presté una excesiva atención, pues la mezcla de frustración y tristeza que me embargaba hacía que todo lo que ocurría a mi alrededor me diese un poco igual. Así que comencé a escuchar la conversación con cierta desgana... hasta que las palabras de Valero empezaron a tomar significado.

En resumen, nos explicó que tenía un proyecto ambicioso y de calidad para el primer equipo del Barça y que quería que yo formara parte de la cantera, para ir creciendo dentro del club y acabar llegando, con trabajo, a juveniles y, con más trabajo todavía, a las filas que él entrenaba. Le propuso a mi padre que considerara seriamente la posibilidad de que yo no me fuera a Vitoria, que me quedara en Barcelona para integrarme en ese proyecto, porque había visto en mí un gran potencial.

Desplegó sus argumentos con entusiasmo y serenidad, con ese carisma natural que ya por entonces le rezumaba por todos los poros. Hablaba con convicción, con emoción, como si le estuviera ofreciendo a mi padre algo imposible de rechazar. Y yo, que terminé escuchando cada una de sus palabras como si me fuera la vida en ello, casi pensé por un momento que mi padre no se le podría resistir. Por un segundo, fantaseé con esa posibilidad…

Sin embargo, la realidad pronto me llamó al orden. En el fondo, yo sabía de sobra cuál iba a ser el desenlace. Los planes para mis hermanos y para mí ya estaban trazados. Y mi plan era mudarme a Vitoria para continuar allí mis estudios y mi formación como persona.

No me sorprendió, por lo tanto, la respuesta de mi padre, quien le explicó todo eso a Valero con amabilidad, pero en tono firme. Aunque dos de mis hermanos mayores en edad universitaria se iban a quedar en Barcelona, yo no entraba en ese plan. Agradeció a Valero su interés genuino, pero fue contundente. Yo tenía que terminar mis estudios, eso era innegociable, y para ello tenía que seguir con la familia, dijo. Era demasiado pronto para separarnos; zanjó la cuestión.

Quiero aclarar que no es que mi padre no me apoyara en mis sueños, algo que siempre hizo y que me demostró durante toda su vida. Pero, en aquella época, no se daba importancia, como ahora, a que los jóvenes trabajaran sus talentos desde edades tempranas. Y para mi padre, los estudios y la familia eran aspectos que estaban por encima de cualquier cosa. La decisión estaba tomada.

Las puertas del Barça no se abren todos los días. Y escuchar a mi padre cerrar aquella oportunidad con tanta firmeza —aunque la verdad es que me hubiera sorprendido lo contrario— hizo que un agujero se abriera bajo mis pies. Después de la derrota en la final contra el SAFA, aquella segunda frustración del día terminó derrumbándome.

Recuerdo el camino de vuelta a casa en completo silencio, mascullando mi rabia, con el ceño fruncido y los sueños atragantados. Sabía perfectamente que discutir con mi padre, una vez que había tomado una decisión, era como intentar parar una tormenta con las manos: inútil. Y también sabía que mi madre estaría de acuerdo con él, como casi siempre lo estaban cuando se trataba de decisiones importantes en casa. Iban al unísono. Tenían unos principios sólidos y compartidos, y nuestra educación había sido fruto de ese acuerdo férreo entre ambos. Pero aquella noche, pese a todo, decidí hacer un último intento...

Esperé con paciencia —o más bien con ansiedad contenida— a que el bullicio habitual en casa se calmara. A que mis hermanos se perdieran en sus cosas, repartidos por las habitaciones con sus deberes o entregados al ocio. Y entonces me escabullí como tantas otras veces detrás del salón, donde mis padres solían cenar viendo un poco de televisión y aprovechaban para ponerse al día después de una jornada intensa y separada por sus respectivas obligaciones.

Era mi escondite habitual. Me refugiaba allí muchas noches, solo para alargar un poco más el tiempo de estar cerca de ellos, para no irme a dormir tan pronto, para sentirme parte de su conversación.

Y como tantas veces antes, me pillaron.

—Txiki, sal de ahí —dijo mi madre, sin ni siquiera girar la cabeza.

—Venga, a la cama, que ya es tarde. Y ha sido un día muy largo —añadió mi padre.

Yo salí despacio de mi escondite, a regañadientes. Me detuve en el marco de la puerta, de pie, sin saber muy bien cómo empezar. Apoyé el hombro en la jamba, miré al suelo un instante y luego levanté la vista hacia ellos.

—Papá, mamá... —dije, en voz baja. Carraspeé para aclararme la voz—. ¿Y si me quedo solo un año en Barcelona? Como prueba. No estaría solo, estarán Mitch y Baby, y prometo que seguiré estudiando. Si luego suspendo, os juro que iré a Vitoria, pero dejadme probar, por favor. ¡Es el Barça! Valero ha dicho que tengo mucho potencial... ¡Tú mismo lo has oído, papá! ¿No crees que es una oportunidad que no podemos dejar escapar?

Mis padres se miraron; no dijeron nada, pero me bastó ver el levantamiento de cejas de una y el sutil cabeceo del otro para saber que ya habían tratado el asunto. Fue mi padre quien tomó la palabra, pero era la opinión de ambos lo que iba a escuchar. Y no iba a gustarme.

Mientras empezaba a hablar, mi padre me hizo un gesto para que me sentara frente a ellos.

—Txiki —dijo con calma—, comprendemos cómo te sientes. De verdad. Eres joven, tienes ilusión, tienes hambre por comerte el mundo. Y crees que las oportunidades solo se presentan una vez. Pero eso no es cierto. La mayor parte de las veces, las cosas vuelven a ti cuando realmente toca. Y hay que saber esperar. Este no es el momento. Lo primero son los estudios. No es que seas un estudiante brillante, ya lo sabes, y un plan como este te obligará a centrarte demasiado en los entrenamientos, en los partidos, y será inevitable que tus estudios se resientan aún más. Por eso, tienes que terminarlos en casa, con la familia.

—Pero… —intenté replicar.

—Déjame acabar —interrumpió, sin perder el tono afable, pero dejando claro que no había margen para negociar—. Sabemos que tienes mucho talento…

—Y somos los primeros en estar orgullosos de ti, cariño —añadió mi madre, a lo que mi padre asintió.

—Pero cada cosa a su tiempo —zanjó él con un movimiento de la mano—. Si eres bueno, ya vendrán a buscarte. El que vale, vale. Lo importante ahora es que sigas creciendo como persona, junto a los tuyos, y que termines tu formación.

—Y mira, seguro que esto te sirve de estímulo para aplicarte más en tus notas —añadió mi madre en tono optimista, como si aquello fuera una ventaja estupenda.

Me quedé callado, sintiendo aún el picor de la rabia en la garganta, pero también una especie de calma que comenzaba a invadirme. Ante lo inevitable, la resignación siempre es un gran alivio. Aun así, me permití un último disparo.

—¿Y si esta oportunidad es de esas que no se repiten?

Mi padre sonrió

—Pues querrá decir que esto no era para ti. Pero, créeme, si de verdad esto vale la pena… sucederá.

Huelga decir que aquella noche no dormí bien. Daba vueltas en la cama, repasando cada jugada del partido, cada palabra de Valero, la conversación con mis padres. Sabía que tenía por delante dos años que podían ser cruciales en la carrera de un deportista de balonmano, de los dieciséis a los dieciocho; y no solo acababa de rechazar una oferta del Barça, sino que, además, Vitoria no contaba con el nivel de balonmano que ofrecía Barcelona para mi crecimiento deportivo.

Pero cada vez que la rabia o la desesperación intentaban invadirme, me repetía a mí mismo: «Si esto vale la pena... sucederá». Y como descubriría más adelante, sucedió.

Todavía sin ser consciente de ello, me encontraba ante una de las grandes lecciones que me daría la vida.

A veces, por muy intensamente que quieras algo, no es el momento. Y no pasa nada. No se trata de rendirse, sino de no forzar. De esperar. Como el río que, al encontrar una roca en su camino, no la golpea ni intenta moverla. La rodea. Y sigue su curso. Esa sabiduría antigua, que los taoístas llaman *wu wei*, me acompañaría muchas veces a lo largo de mi vida. Actuar en el momento justo. No desgastarse en lo que no toca.

Y confiar.

Capítulo 3

Gracias, papá; gracias, mamá

Mis padres me intentaron vender lo mejor posible el cambio de Barcelona a Vitoria, como si fuera una gran aventura. Pero la verdad es que los primeros meses fueron duros. Llegué a esa edad ingrata en la que uno ya no es un niño, pero tampoco un adulto. Me tocó cambiar de casa, de ciudad, de amigos, de colegio, dejar atrás mi amado equipo de balonmano, Viladrau, y, por si fuera poco, decir adiós al sueño que había acariciado por tan breve espacio de tiempo: entrar en la cantera del Barça.

En el nuevo colegio, los Marianistas, me encontré con ese muro invisible que, sin mala intención, a veces levantan los grupos ya formados. A esa edad, nadie te abre los brazos en el minuto uno. Y aunque era una persona tímida, me obligué a dar pasos hacia los demás y no esperar a que nadie viniera a buscarme. Afortunadamente, me acabé integrando sin demasiada dificultad.

Vitoria era una ciudad tranquila, acogedora, con buenas instalaciones deportivas, y mis padres, que sabían lo importante que era para mí y mis hermanos el deporte, nos hicieron socios del Estadio, el club de referencia, tan pronto como llegamos. Allí jugaba a baloncesto, echaba partidillos de fútbol y pasaba los veranos en la piscina donde se reunían los jóvenes de la localidad.

Como he dicho, poco a poco fui forjando nuevas amistades. Y el tiempo dejaría claro que no iban a ser solo colegas de juventud. Aunque mi etapa en Vitoria fue breve, aquellos dos años me hicieron uno de los regalos más valiosos que uno puede esperar de la vida: amigos verdaderos.

Resulta curioso cómo un periodo tan corto, en una época tan temprana como la adolescencia, puede llegar a tener un impacto tan duradero. Allí, en esa ciudad donde todo está cerca y donde siempre parece haber una buena excusa para verse, forjé amistades cuyo cariño inquebrantable resistió el paso del tiempo, la distancia y las vicisitudes más rocambolescas de una historia como la mía. En Vitoria aprendí que la amistad no necesita de una presencia constante para mantenerse viva: basta con haber compartido algo auténtico, algo honesto. Y eso fue lo que sucedió con muchas de las personas que conocí entonces. Cuando la vida nos llevó a todos por caminos muy distintos, y mis escasas vacaciones, además de una familia desperdigada por el mundo, me obligaron a reducir mis visitas a Vitoria a unos pocos días en Navidad, en cada nuevo encuentro descubría que el vínculo con mis amigos seguía igual de fuerte.

Algunos de ellos eran compañeros del balonmano, otros vecinos, otros del colegio y otros surgieron simplemente del azar de los encuentros cotidianos. Luis, Fer, Gonzalo, Cristina, Rafa, Alfredo… son algunos de los nombres que forman parte de ese mapa emocional que uno necesita recuperar cuando la vida aprieta. Y debo decir que no me fallaron. No puedo decir eso de todo el mundo.

Muchos de esos amigos estuvieron ahí en los momentos más difíciles para mí, sin hacer ruido, sin pedir nada a cambio, simplemente recordándome quién soy y de dónde vengo. Y, más adelante, cuando la vida me trajo de nuevo a Vitoria, esos lazos volvieron a acogerme con una naturalidad conmovedora.

Pero en aquella primera época, yo era joven, tenía ambiciones, y, a pesar de que cada vez estaba más a gusto en mi nueva y acogedora ciudad, seguía soñando con marcharme.

Y por si no me había quedado claro desde un principio, mi padre me recordaba de vez en cuando:

—Tú no te vas de aquí si no apruebas el bachillerato y la selectividad. Entonces, y solo entonces, podrás irte a Barcelona o adonde decidas, para empezar la universidad.

Esa era la condición. Y yo la asumí sin rechistar, convirtiéndola en mi objetivo, en mi misión. Así que apreté. Estudié con disciplina y concentración. Porque sí, echaba de menos Barcelona, pero sobre todo echaba de menos el balonmano.

Juan Luis Arnedillo, mi entrenador alavés, pronto vio mi potencial. Pero él mismo sabía que Vitoria, en aquella época, no era tierra de grandes oportunidades para el balonmano. El deporte rey allí era el baloncesto. El Baskonia —entonces llamado Caja de Álava— lo era todo. Y no tardaron en fijarse en mí durante los torneos organizados por el Estadio que jugué en mi primer verano. Me dijeron que necesitaban chavales altos para su «operación altura», y sin pensármelo dos veces me presenté a la prueba de acceso.

La pasé y entré en el equipo júnior del Caja de Álava, donde comencé a entrenar con los mejores jugadores de toda Vitoria en esa categoría, y también con chicos procedentes de Donosti, Miranda y otros puntos del País Vasco. El nivel era exigente y el ambiente, competitivo, mucho más parecido al entorno al que yo estaba acostumbrado en Barcelona. Me gustó, me sentía en mi salsa. El baloncesto se me daba bien, estaba familiarizado, era el deporte de mis patios del colegio y de los torneos del Estadio, y, por supuesto, suponía el tipo de reto deportivo por el que yo estaba ansioso. Pero, al poco tiempo, me di cuenta de que había mordido más de lo que podía tragar, porque mi vida se volvió una absoluta locura.

¿Baloncesto o balonmano?

Después de clase, entrenaba de 17.30 a 19.00 con el equipo de balonmano. Luego corría —a veces literalmente— para llegar al entrenamiento del Baskonia, de 19.30 a 21.30. Y después, a casa, a estudiar, o a intentarlo, porque había días que me dormía sobre los libros casi sin darme cuenta.

Pronto se vio que aquello no era sostenible. Mi cuerpo aguantaba a trancas y barrancas, pero mi rendimiento académico empezaba a resentirse. Y entonces mi padre tuvo que intervenir para volver a ponerme los pies en la tierra:

—Txiki —me dijo con cariño, pues sabía que esta decisión me iba a costar—, tienes que escoger: baloncesto o balonmano. Pero no puedes seguir así. Tus estudios…

—Sí, sí, ya —suspiré. Me sabía la respuesta—. Van primero.

Todos me animaban a seguir con el baloncesto. Era el deporte rey de Vitoria, se me daba bien, y estaba en el equipo idóneo para hacer una carrera deportiva, con compañeros y entrenadores que me valoraban. Pero yo tenía otra certeza dentro de mí, que cada vez crecía con más fuerza. Creía en mis facultades. Era zurdo, alto, rápido. En balonmano, eso era un diamante. Y aunque sabía que un día tendría que dejar Vitoria para poder desarrollarme al máximo en ese deporte, y era consciente del peaje que tendría que pagar para ello (y si no lo era, mi padre me lo recordaba cada dos por tres), no me tembló el pulso cuando elegí el camino más difícil.

Así que volví a centrarme por completo en el balonmano. Y, por supuesto, en mis estudios. Había hecho una elección, y ahora tocaba sostenerla con hechos.

Aunque Vitoria no contaba con un equipo potente nacional que pudiera apoyarme como yo necesitaba, pude suplir el nivel de entrenamiento que me faltaba gracias a las federaciones, que me iban dando oportunidades para seguir creciendo.

Me convocaron, primero, la selección catalana y, después, también la vasca. Luego empezó a hacerlo la española júnior. Incluso llegué a debutar con la selección absoluta española con solo dieciocho años, cuando aún no había fichado por el Barça. Obviamente, nada de esto era un premio por mi rendimiento como deportista de élite —algo que todavía era más una promesa que una realidad—, sino una apuesta de Juan de Dios Román, entrenador del equipo nacional absoluto español, que creyó en mí y se volcó para que pudiera seguir creciendo, ya que mis recursos para la alta competición eran limitados. Gracias a esa apuesta pude mantenerme en forma, mejorar y, sobre todo, hacerme visible. Los ojeadores me tenían en sus radares, me vigilaban atentos, y eso se traduciría muy pronto en un escenario que poco habría podido imaginar dos años atrás cuando llegué a Vitoria con mis esperanzas deportivas pendiendo de un hilo.

Más decisiones

Al terminar COU, me llegaron ofertas de nada menos que siete equipos de la Liga Asobal. El paso por la selección española había sido clave: los ojeadores me habían visto en los torneos y, al parecer, les había dado motivos para venir a buscarme. Entre los equipos interesados estaban el Bidasoa, el Granollers, el Atlético de Madrid… y, por supuesto, el Barcelona. Eran los grandes del momento. La élite.

Pero para mí, la elección estaba bastante clara. Había pocas dudas. Desde aquella conversación con Valero Rivera, justo después de aquel partido contra el SAFA, su proyecto en el Barça se había convertido en una especie de faro para mí. Durante los últimos dos años, no había dejado de pensar en ese camino que ahora, por fin, cumplida la promesa a mi padre, podía recorrer sin más cortapisas.

Además, el Barça significaba Barcelona, y viceversa. Y esa ciudad parecía llamarme con distintos cantos de sirena. Tras aprobar la selectividad, otra de las decisiones que había tomado fue matricularme en su universidad pública, la UB, para estudiar la diplomatura de Empresariales. En la Ciudad Condal vivía entonces mi hermana Ana, que ya se había casado antes de nuestra partida y se había quedado a vivir allí. Para alguien como yo, que había crecido en un ambiente de fuerte arraigo familiar, tenerla cerca era algo que valoraba muchísimo.

Todo parecía alinearse. Sentía que con esas elecciones cerraba un ciclo. Volvía a Barcelona, la ciudad que siempre había sentido como mi hogar, para comenzar una etapa crucial de mi vida y estaba impaciente por descubrir todo lo que me esperaba.

Eso sí, aunque entrar en la cantera del Barça fue una decisión relativamente sencilla, no lo fue tanto escoger qué quería estudiar. Como la mayoría de los jóvenes a esa edad, comencé BUP sin tener ni la más remota idea de qué carrera quería elegir al terminar los estudios preuniversitarios.

Mi padre, al verme tan perdido, decidió echarme una mano a su manera simple y práctica mostrándome el mundo real.

—¿Por qué no vienes a conocer mi trabajo? —me dijo una tarde, mientras cenábamos—. El problema de los jóvenes es que os obligan a elegir demasiado pronto sobre un mundo que apenas conocéis. Puede que ver el funcionamiento de una empresa desde dentro te ayude a comprender mejor el mundo laboral.

Por supuesto, a mí me encantó la idea.

Por aquel entonces, trabajaba en Vitoria para Fuchs Lubricantes, una empresa de origen alemán cuya sede central estaba en Mannheim. En España, la filial se llamaba Chemsa S. A. Comencé a acompañarlo, aprovechando mis ratos libres y algunos festivos escolares que eran laborables, y así empezó una pequeña gira de descubrimiento por el mundo de la empresa.

El edificio se encontraba en el polígono de Betoño, una zona industrial de Vitoria. Era un complejo dividido entre oficinas y fábrica. Con paciencia y método, mi padre me fue llevando de departamento en departamento, según la disponibilidad de los encargados. Yo observaba, hacía preguntas, escuchaba atentamente lo que me explicaban y cuando podía incluso ayudaba. La primera parada fue el área de informática, que en aquellos años vivía una efervescencia especial: la digitalización de las empresas estaba en marcha, y todo el mundo hablaba de que la informática era el futuro.

Reconozco que esa idea me seducía, me entusiasmaba imaginar que podía formar parte de algo tan novedoso. Pero tras unos días, supe que no era para mí. Me abrumaba su complejidad, y sentí que requería un tipo de habilidades que no eran las mías.

Después vinieron otros departamentos: compras, comercial, recursos humanos, laboratorio… Y finalmente, la dirección. Mi padre y su mano derecha me explicaron con detalle cómo funcionaba la gestión general de la empresa. A medida que avanzaba, empecé a intuir que quizá mi camino estaba ahí, en ese cruce entre la estrategia, las relaciones humanas y la organización. Me parecía un buen punto de partida: aprender a gestionar, y después ya veríamos por dónde seguir.

Pero lo que más me impactó fue la visita a la fábrica.

Entrar allí era como adentrarse en otro mundo. La nave era amplia, ligeramente oscura, con un olor denso y característico a aceite. El ruido de las máquinas, los barriles alineados, las garrafas llenas de lubricante fluyendo con precisión casi quirúrgica… Todo funcionaba como un engranaje perfecto. Me asombraba cómo, a partir de materias primas, surgían productos tan concretos, tan pulidos, tan esenciales. Y, sobre todo, me impresionó ver a mi padre en ese entorno.

Su oficina estaba en la parte superior del edificio, pero al bajar a la fábrica su rostro cambiaba. Se notaba que allí estaba su origen, su esencia, su verdadera pasión. «Hay que ser monaguillo antes que obispo», me dijo mientras caminábamos por el pasillo central. Y esa frase se me quedó grabada. La viví en carne propia cuando me tocó empezar desde abajo en la cantera del Barça: juvenil, primer equipo… Siempre entendí que había que recorrer el camino paso a paso, sin atajos. Al menos, hasta que llegué a otro tipo de mundo —el de las altas esferas—, donde las reglas eran otras y donde, tal vez, olvidé por un tiempo aquella enseñanza tan sencilla. Pero de eso hablaremos más adelante.

El verano en el que terminé BUP, como broche a aquel recorrido iniciático, viajamos a Alemania. Mi padre quiso presentarnos a mi hermana Cuca y a mí a sus jefes en la sede de Mannheim, no solo para estrechar lazos laborales, sino también personales. Fue un viaje distinto a todos los que había hecho: una especie de ceremonia de entrada al mundo de los adultos.

Y cuando volví, tenía las ideas un poco más claras. Estudiaría Empresariales. No sabía todavía qué haría exactamente con ese conocimiento, pero al menos ya había elegido el camino por el que empezar.

Alguna vez, en los últimos años, ya de adulto, me pregunté qué habría pasado si hubiera tomado otras decisiones. Si en lugar de elegir el balonmano, me hubiera dejado seducir por el baloncesto, que en Vitoria tenía muchas más salidas. Si en vez de volver a Barcelona, me hubiera ido a Madrid o a cualquier otra ciudad en las que me ofrecieron una plaza. Si en lugar de Empresariales, hubiera optado por cualquier otra carrera más humanista.

Quizá no habría vivido muchas de las cosas que después llegaron. Ni las victorias ni las caídas. Ni la gloria del deporte ni los momentos más oscuros que vendrían años más tarde. Todo el mundo, cuando llega a cierta etapa de la vida, se hace ese tipo de preguntas. Nos detenemos a mirar el camino recorrido, como quien repasa un mapa lleno de desvíos y bifurcaciones, y tratamos de adivinar qué habría pasado si hubiéramos tomado otra salida. Nos preguntamos si tenemos la vida que queremos o nos merecemos.

Yo tuve mucho tiempo para hacerme este tipo de preguntas. Mil días y mil noches en una celda, en absoluta soledad. Y no encontré las respuestas hasta que aprendí a reformularlas.

La pregunta correcta no es si tienes la vida que quieres.

La pregunta correcta es: ¿qué está en mi mano hacer para evolucionar y construir esa vida?

En aquel entonces, sin embargo, mis preocupaciones no iban por esos derroteros. Tenía dieciocho años y el futuro se desplegaba ante mí como un campo brillante, inmenso, repleto de infinitas posibilidades. Y así fue como volví a Barcelona, rebosante de fe y confianza en lo que estaba por venir.

El sueño se hace realidad

El Barça me acomodó en la residencia Blume, una institución para deportistas de alto rendimiento situada en Esplugues de Llobregat, justo enfrente de donde trabajaba mi hermana Ana en Nestlé, con quien tenía una relación muy cercana, y como pronto se vio que en mi nueva agenda no iba a haber muchos huecos para la vida familiar, al menos saber que la tenía a un tiro de piedra para hacer un café rápido, comer juntos y ponernos al día, era una pequeña ancla emocional y un gran consuelo.

Al poco de llegar, mi padre me consiguió una Montesa Impala para que pudiera moverme mejor —una moto que compró mi hermano y que durante aquel tiempo estaba en desuso—. Así mi existencia comenzó a desplegarse sobre aquellas dos ruedas entre el Palau Blaugrana, la residencia Blume y la universidad, en un encaje milimétrico de horarios y responsabilidades que dejaron en pañales a mis antiguos denuedos en Vitoria, cuando intentaba compaginar balonmano y baloncesto.

La residencia Blume fue mi primer hogar en Barcelona. Aún lo recuerdo como un lugar espartano, sin lujos, pero lleno de vida. Tenía cinco plantas, conectadas por la parte trasera del parking con el INEF y la Secretaria General de l'Esport de la Generalitat de Catalunya. Aquello era el corazón deportivo de la ciudad, el auténtico núcleo donde se cruzaban cientos de trayectorias de jóvenes promesas.

En la planta baja estaba la recepción, algunas oficinas, el comedor y la sala de televisión. En la primera, el servicio médico, y a partir de ahí, las plantas de habitaciones y los baños comunes, con pequeñas salas de estudio al final de cada pasillo. Las instalaciones eran sobrias, prácticas, sin adornos, pero no les faltaba nada esencial. Y, sobre todo, tenían lo más importante: un ambiente extraordinario.

El personal de la Blume era magnífico. Nos cuidaban con una paciencia infinita, como si fueran nuestros segundos padres. Sabían que la mayoría estábamos lejos de nuestras familias, en plena adolescencia, lidiando con la exigencia de un deporte de élite.

El comedor funcionaba como un *self-service*, con largas mesas corridas donde nos íbamos sentando según llegábamos. Las habitaciones eran de tres. A los más veteranos les asignaban las individuales —a mí nunca me tocó una—, así que compartí cuarto con dos cracks: Ricardo Marín y Mateo Garralda, rivales en el Granollers y compañeros en la selección nacional. Nuestra habitación era modesta: tres camas, tres armarios y una mesa alargada que, en teoría, servía para estudiar, aunque en la práctica siempre estaba cubierta de ropa, botellas, comida... Lo normal. La ropa sucia se colgaba de unos cables improvisados para ventilarla, y cada lunes la entregábamos en lavandería para que el jueves regresara limpia, como un pequeño milagro doméstico.

Todo tenía su orden. Los horarios del comedor eran fijos, pero si avisabas con antelación, te guardaban la comida caliente. Lo mismo pasaba por la noche: la hora límite para volver era a las 23.30, pero si llamabas, el conserje nocturno —siempre con una sonrisa a medio camino entre la complicidad y la advertencia— te esperaba sin problema.

Los fines de semana eran otra historia. Muchos deportistas viajaban a competir o volvían a casa, y la residencia se vaciaba. El ambiente se volvía más melancólico. A veces, demasiado.

Entre aquellas paredes viví momentos muy especiales, y uno realmente inolvidable. El 17 de octubre de 1986, la sala de televisión estaba más abarrotada que nunca. En la pantalla, Juan Antonio Samaranch, con tono solemne, pronunció aquellas palabras que harían historia: «*À la ville de*... Barcelona, España». La sala estalló en aplausos, gritos, abrazos. Nos mirábamos como si no pudiéramos creérnoslo del todo. Nos sentíamos parte de algo enorme. Iban a celebrarse unos Juegos Olímpicos en Barcelona, y nosotros estábamos allí, justo en el epicentro de aquel suceso que cambiaría la ciudad para siempre.

Esto era otra cosa. Yo venía de una formación que podríamos llamar «improvisada», la gestión de mis rutinas deportivas había sido casi artesanal, y por primera vez me encontré en un entorno profesional meticuloso, estructurado, con una disciplina férrea y unas exigencias que parecían no tener techo. Allí todo estaba organizado como una maquinaria de relojería suiza: los horarios, las comidas, los entrenamientos, el descanso, los estudios. Era como entrar en otra dimensión del deporte. Una en la que ya no bastaba con tener talento. Había que rendir al máximo. Y siempre.

No llevaba ni una semana en Barcelona, cuando ya comprendí que mis supuestas cualidades no serían suficientes ni de lejos si quería ganarme un sitio allí. Debía adquirir muchas competencias técnicas y físicas para estar a la altura. Y olvidarme del significado de palabras como «cansancio», «desánimo» o «imposible».

Pero yo estaba dispuesto a todo, y como veréis en los próximos capítulos, aunque no fue un camino de rosas y hubo algún bache realmente peliagudo que casi lo tiró todo por la borda, mi etapa en el Barça logró superar cualquier fantasía que hubiera podido tener en aquellos primeros días.

Lo cierto es que nunca me atreví a soñar con tanto. ¿Cómo habría podido imaginar que llegaría a formar parte de un equipo que haría historia, que pasaría a ser recordado como el Dream Team, que llevaría el balonmano del Barça a un nivel mundial nunca antes conocido? Recién aterrizado en Barcelona, mis sueños eran algo más humildes: a veces simplemente consistían en rogar que no me echaran a las primeras de cambio o poder jugar algunos minutos con el primer equipo. Con eso me bastaba. Eran tiempos en los que la ilusión, la incertidumbre, la determinación y el cansancio se iban trenzando en un mismo sentimiento difícil de definir.

Pero también recuerdo otra emoción, muy cálida y profunda, que tenía mucho que ver con la nostalgia que sentía por mi hogar y por mi familia, y que pronto fue tomando otro nombre: agradecimiento. Varias veces al día, mientras llevaba a cabo alguna de las acciones que ya formaban parte de mi rutina (hacerme la cama en la residencia a toda prisa, pasar el control de acceso del Palau para llegar puntual a los entrenamientos, coger la moto para aprovechar una clase suelta en la universidad entre un entrenamiento y otro...), me asaltaba un pensamiento tan poderoso y resplandeciente que casi me obligaba a detenerme en seco, deslumbrado por su significado: «Estoy aquí, realmente estoy aquí, *esto está pasando*». Y entonces, evocaba las palabras de mi padre: «Si vale la pena, sucederá». Y recordaba lo mucho que me había enfadado aquel día, y lo que me había costado comprender y aceptar su postura...

Pero había tenido razón.

Había sucedido.

Y gracias a mi padre, lo había hecho a su debido tiempo, sin tener que renunciar a valores importantes como la familia o los estudios cuando aún era demasiado pronto. No me había saltado ninguna etapa de mi vida. Había disfrutado del final de mi adolescencia en casa, junto a mi familia, había ido al colegio, había entrado en la universidad, no me había perdido nada... y el sueño se había cumplido.

No sé si llegué a dar las gracias a mi padre y a mi madre en aquellos días por las concentraciones a las que me llevaron desde pequeño (cuando no tenían tiempo material con siete hijos), por las veces que madrugaron para acompañarme a ese partido o a aquel entrenamiento, por los planes que acomodaron, por las cosas a las que renunciaron y los esfuerzos económicos que hicieron. Más adelante, ya de mayor, sí que les he dicho lo agradecido que me siento por haberlos tenido como padres. Pero no quiero dejar pasar esta oportunidad, estas páginas que escribo desde el corazón, para hacérselo saber otra vez, dedicándoles esta primera parte del libro en la que he narrado mi infancia y juventud familiar.

Gracias, papá y mamá, por vuestras enseñanzas y vuestro apoyo, y por todos los valores que me inculcásteis. Sin ellos no habría podido aprender de mis caídas, no habría sabido encontrar las herramientas adecuadas para atravesar los valles más oscuros y salir fortalecido de ellos.

Todo lo que he podido evolucionar y superar ha sido, en una inmensa parte, gracias a vosotros.

Aprendizajes de esta etapa

Antes de pasar al siguiente tramo del camino, quiero detenerme un momento en los tres aprendizajes fundamentales que me dejó esta etapa de mi vida de la que ahora nos despedimos. Cada una de las cinco partes de este libro concluirá con esta dinámica: recoger lo esencial de lo vivido, identificar qué me enseñó y por qué esas enseñanzas me siguen acompañando hoy.

Empiezo con estas tres:

No dejes de entrenar

Ya durante mi adolescencia, entendí que todo lo que uno quiere construir exige dedicación constante. Y que no hay mejor forma de avanzar que entrenando. No me refiero solo al entrenamiento físico, sino a una actitud frente a la vida: mantener siempre la mentalidad de aprendiz, estar dispuesto a escuchar, a absorber cosas nuevas, a evolucionar. En el deporte de élite, como en la vida, no hay cima definitiva: siempre hay algo que puedes mejorar, una técnica que pulir, una actitud que revisar.

El que deja de entrenar deja de crecer.

Si vale la pena, sucederá

Cuando sientes que no avanzas, que estás estancado… es fácil abandonarte a la frustración y a la impaciencia, querer forzar las cosas. Pero aprendí que hay caminos que deben recorrerse paso a paso.

Que hay etapas que no se pueden ni deben saltar. Esta filosofía me ayudó a desarrollar algo tan valioso como la resiliencia. Porque en la vida, como en el deporte, a menudo pierdes. Te lesionas. Te caes. Y tienes que frenar. Pero si algo de verdad vale la pena, si lo deseas con el corazón y trabajas con constancia, llega.

No siempre cuando quieres. Pero llega.

Gracias, papá; gracias, mamá

Hay una última idea que quiero subrayar antes de pasar página. Nada de lo que he conseguido en la vida lo he conseguido solo. Tuve el privilegio de crecer en una familia que me enseñó el sentido del esfuerzo y del trabajo. Siempre digo que la familia es el primer equipo al que uno pertenece. Y las raíces merecen ser honradas.

Por muy alto que llegues, siempre hay que recordar de dónde vienes, quiénes estuvieron allí cuando empezaste y llevarlos contigo en el corazón.

Estos son los tres primeros aprendizajes que humildemente he querido compartir contigo. No porque crea que estoy inventando nada nuevo, ni porque piense que mis reflexiones tengan por sí mismas algún valor especial, pero si mis vivencias y las enseñanzas que saqué de ellas pueden ayudar a alguien que esté pasando por alguna situación concreta y aportarle quizá un poco de luz o una simple compañía en su camino, habrá valido la pena compartirlas. Esa es mi única intención.

¿Seguimos?

SEGUNDA PARTE

Dream Team

DÍAS DE GLORIA

En esta etapa de mi vida, todo fluía con una armonía casi milagrosa. Ojo, no quiero decir que estuviera exenta de esfuerzo y sacrificio, pero todo parecía suceder según estaba escrito en las estrellas. Mis sueños se estaban cumpliendo, y todavía más: estaban desbordando todas mis expectativas.

Mis días tenían *flow*.

Esta palabra que ahora está tan de moda entre los jóvenes no se usaba en mi época, pero si miro hacia atrás, no tengo duda de que podría definir a la perfección la energía de aquellos días. Me refiero a esa fuerza que fluye clara y diáfana cuando tus valores personales y tu propósito están perfectamente alineados con los de tu entorno, cuando el equipo de personas que te rodea está en una sintonía casi mágica con tu visión de la vida, cuando los deseos que te mueven y las acciones que realizas y los resultados que obtienes..., cuando todo eso interpreta una sinfonía casi magistral. Así es como yo entiendo el *flow*.

No solamente logré entrar en el Barça, en el primer equipo

del que tantos jóvenes deportistas aspiraban a formar parte..., sino que pertenecí a un proyecto que acabó haciendo historia.

Con la perspectiva que da el paso del tiempo —y aunque después he vivido acontecimientos maravillosos, como el nacimiento de mis hijos—, creo poder asegurar que esos años en el deporte de élite fueron los mejores de mi vida. Quizá porque fue una época durante la que mi esfuerzo era recompensado con un resultado tangible, directo, y durante la que yo tuve muy claro lo que podía aportar a mi entorno. Por el contrario, en otras etapas, me costó mucho saber cuál era mi valor...

El deporte es una escuela de vida que te deja una huella imborrable en el espíritu, independientemente de los éxitos. Esa es la verdadera razón por la que vale tanto la pena. Los triunfos solo son el resultado de un trabajo bien hecho. Y nosotros debimos hacerlo bastante bien, porque del año 1995 al 2000 lo ganamos todo. Nos llamaban Dream Team, y no exageraban. Lo fuimos.

Jugábamos como si nos conociéramos de toda la vida. Entrenábamos con hambre de ganar. Éramos talento, ambición y, sobre todo, método.

Valero Rivera forjó algo más que un equipo, creó un ecosistema, tanto dentro de la pista como en el equipo técnico, en el que todos respirábamos la misma filosofía: esfuerzo, disciplina, compañerismo. El éxito no nos elevaba, nos unía. Fluíamos.

No fue una etapa sin caídas, como también veremos. Sufrí adversidades, alguna dura de superar. Pero venía con la lección bien aprendida de casa: si algo se quiere, hay que luchar hasta el final y resistir lo que haga falta para lograrlo. Sin rendirse.

El deporte de élite me enseñó a su vez muchas cosas. A gestionar la presión descomunal, las exigencias al límite, la continua competitividad. Y también los aplausos, la admiración de tantas personas que te dicen que eres el mejor, a seguir adelante manteniendo la cabeza fría y los pies en el suelo.

Quizá por eso creí que sería capaz de navegar con la misma pericia los otros mares que vendrían después: el de las altas esferas, el de la exposición mediática brutal, el del protocolo, los favores, los intereses, las máscaras…

Supongo que me confié.

Al fin y al cabo, había aprendido a trabajar en equipo en un vestuario lleno de egos; supuse que podría afrontar el reto de formar parte de una familia real, con todo lo que ello implica.

Creí que, si había sido capaz de gestionar la presión de una final de Champions, también sabría gestionar la presión de una vida manejada por mil protocolos insondables, casi imposibles de descifrar. Pero con el tiempo comprendí que encajar no es lo mismo que pertenecer. Que cuando uno no se siente en su lugar, puede perder su esencia sin apenas darse cuenta.

Olvidé mucho de lo aprendido. Me contagié de deseos y necesidades que nunca había tenido, que no me hacían ninguna falta, pero que, confieso, hice míos. Me abandoné a la inercia de un sistema que me envolvió, pero nunca terminó de aceptarme.

Pero no nos adelantemos.

Aún no es tiempo de hablar de todo eso.

Ahora toca la gloria. Son los tiempos del ***flow***.

Recuerdo cuando, de niño, tuve mi primer balón de baloncesto de verdad.

Me encantaba sentirlo entre las manos.

También me encantaba su sonido. El continuo «tap, tap, tap» de la pelota al rebotar en el parquet. Su contundencia y nitidez. La predictibilidad. El sonido y la luz de la vida.

Estos son algunos de los elementos que más me gustaban de la pelota, del juego. Eran el núcleo y la raíz de mi proceso y de mi destreza. Eran las razones por las que pasé por todo lo que pasé, puse todo lo que puse y escarbé tanto en mi interior.

Todo me remitía a ese «tap» especial que me enamoró de niño.

KOBE BRYANT

Mentalidad mamba. Los secretos de mi éxito

Capítulo 4

Caer… y levantarse

Si tuviera que describir el primer año de mi llegada al Barça, podría hacerlo como una carrera sin freno y contra reloj. Ya he contado que estudiaba Empresariales en la Universidad de Barcelona, y por aquel entonces no existía aún ningún programa de apoyo real para deportistas de élite, así que era yo quien debía realizar los equilibrios imposibles para conseguir llegar a todo. Cada fin de semana lo pasaba viajando con el equipo, lo que me dejaba poco margen para el estudio, y entre semana me organizaba a duras penas entre entrenamientos y partidos, asistía a muy pocas clases y me presentaba a los exámenes cuando podía encontrar un hueco.

Sabía que no acabaría la carrera en tres años; mi prioridad era simplemente terminarla, cuando fuera.

El ritmo era brutal. Por las mañanas, teníamos sesiones específicas para los más jóvenes: gimnasio, donde hacíamos pesas para ganar masa muscular. Además del entrenamiento físico, había también el técnico, y Valero Rivera no delegaba esa parte. Él siempre asistía y se metía de lleno con nosotros, explicándonos lanzamientos, fintas, trabajo defensivo… Y los jóvenes le respondíamos dándolo todo. Estábamos aprendiendo de un gran maestro, y lo sabíamos.

Por las tardes, se sumaban los entrenamientos colectivos con el equipo completo. Varios días se doblaban sesiones. Las horas de sueño se comprimían, los márgenes de descanso eran mínimos. Mi sufrida moto Impala echaba humo entre el campus y el Palau, mientras la mochila de deporte y la de los libros se iban alternando en la taquilla del vestuario a un ritmo de locos.

La exigencia física se extendía a todos los ámbitos. En el Barça de aquella época, ya se vigilaba de forma estricta el peso y la grasa corporal. Incluso durante las vacaciones, debías mantenerte dentro de los parámetros establecidos. Comíamos para rendir, para sostener un cuerpo en permanente desgaste: hidratos, proteínas, fruta, verduras. Los extremos tenían que volar, así que eran más livianos; los que jugábamos por el centro necesitábamos más masa, más fuerza de choque. La alimentación era una parte más del entrenamiento.

¿Alcohol? Durante la semana, lo evitábamos. Pero éramos jóvenes y, después de los entrenamientos o los partidos, nos esperaba nuestro pequeño ritual sagrado: una cervecita y las bravas en el bar Tomás. Allí, entre risas, confesiones, reproches a medio camino entre el enfado y la broma, se descomprimía todo lo que la semana había apretado. Allí también se construía el equipo. La recuerdo como una etapa de agotamiento crónico, sí. Pero la ilusión y la juventud me daban las fuerzas necesarias para sentir que podía con todo aquello, y con lo que tuviera que venir, por muy duro que fuera.

Y fue duro, eso sin duda.

Valero Rivera y su cultura de alto rendimiento

Aquel hombre no prometía gloria ni titulares. Valero no vendía humo. Ofrecía sangre, sudor y lágrimas… y luego ya se vería.

Y nosotros, jóvenes con ansias de ganar, lo aceptábamos sin pestañear.

El método de Valero era más bien una filosofía, una mentalidad, una cultura de alto rendimiento que impregnaba cada rincón del club. A su lado tenía un equipo técnico de profesionales que compartían su visión: Paco Seirul·lo, un preparador físico meticuloso, brillante, que años después revolucionaría también la preparación física en el fútbol de la mano de Guardiola; Toni Rubiella, un segundo entrenador encargado de cuidar la transición de los más jóvenes, y varias personas más especializadas en analizar cada detalle.

Fuimos de los primeros equipos en usar el vídeo de forma intensiva como herramienta de análisis, tanto para preparar partidos y estudiar a los rivales como para, posteriormente, analizar nuestro rendimiento. Pero lo más curioso era que Valero no se obsesionaba con el rival.

Lo importante no era lo que hacían ellos, sino lo que hacíamos nosotros.

La clave estaba siempre en entrenar bien para jugar bien. Su máxima era: «Se juega como se entrena». No se trataba de responder al juego del otro, sino de afinar el propio hasta rozar la excelencia.

Valero tenía una visión clarísima: el grupo siempre estaba por encima de las individualidades. No le obsesionaban las estrellas, sino los jugadores brillantes capaces de formar parte de un sistema, de una idea colectiva. El rendimiento personal debía alimentar al equipo, nunca eclipsarlo. No construía ídolos, construía equipos.

A veces parecía duro, incluso intransigente. Pero pocas veces era injusto (dentro de su humana falibilidad). Sabía exactamente lo que pedía y por qué lo pedía.

Durante aquel primer año en el Barça, yo estaba en mi tercer año de juvenil, aunque entrenaba y jugaba con la primera plantilla. Para mí, eso era una plataforma, una oportunidad gigantesca. Participé en el Campeonato de España juvenil, que ganamos con el Barça, y jugué la liga de los mayores, aprendiendo cada día de ellos, absorbiendo como una esponja la experiencia y el carácter de quienes ya llevaban años en la élite.

No tenía demasiados minutos de juego, eso es verdad, pero sentía que aportaba. En defensa, sobre todo —que fue mi especialidad al principio—, podía ser útil. Con esfuerzo y paciencia, iba ganando espacio. Iba demostrando mi valía.

El sueldo como jugador del Barça en aquellos primeros años me permitía subsistir incluso sin la necesidad de que mi familia me apoyase. Sin lujos, claro, pero llegaba a todo e incluso pude hacer un pequeño ahorro que mi padre se ocupaba de gestionar. Los estudios iban avanzando a paso lento pero sin pausa. Tenía un plan de vida, unos objetivos marcados y un rumbo claro que no parecía que pudiera torcerse…

Pero entonces llegó mi primera gran caída (poco sabía de la que me esperaba muchos años después). Una caída en el sentido figurado y literal de la palabra. Un revés que casi lo tira todo por la borda, desbarata todos mis planes y por poco me envía a la casilla de salida de un solo plumazo.

La lesión

En 1987 sufrí una grave lesión de rodilla que provocó un parón en mis estudios y que puso en peligro mi continuidad en el Barça. Vamos, que le dio la vuelta a mi vida como si fuera un viejo calcetín.

Me gustaría decir que el día que sucedió tuve algún tipo de presentimiento. Lo cierto es que no sé si fue una premonición o simplemente el agotamiento acumulado, pero algo dentro de mí no estaba del todo bien aquel día. Jugábamos un torneo internacional en Sevilla con la selección júnior española, y tocaba el quinto partido en cinco días. El último. El definitivo. Solo nos faltaba otra victoria más para coronarnos campeones. El partido era contra Croacia. Yo estaba en mi segunda temporada en el Barça y cada oportunidad con la selección era una vitrina, una pasarela de futuro. Sabía lo que significaba estar ahí.

Había jugado los cuatro anteriores a pleno rendimiento; partidos duros, intensos, con apenas tiempo para recuperarme. Estaba exhausto. Tenía el cuerpo al límite. Y aunque el deporte de élite significa muchas veces seguir adelante, a pesar de las señales, sobre todo cuando eres joven y ambicioso, jugar aquel último encuentro suponía un riesgo.

Después, los médicos me lo confirmaron. Más allá de la mala caída, fue mi cuerpo, que ya no podía sostener tanto esfuerzo. Mi rodilla no aguantó porque el nivel de tensión muscular que debía protegerla ya no era el adecuado. Y cuando tu cuerpo deja de sujetarte, todo puede quebrarse en un segundo.

De cualquier forma, ignoré mentalmente el cansancio, desayuné bien, llegué al pabellón, hice bromas en los vestuarios como solía hacer para rebajar los nervios, me até las zapatillas con esa mezcla de precisión y superstición que todos los deportistas acabamos desarrollando con el tiempo en nuestras rutinas, calenté con mis compañeros, me concentré, salté a la pista. Una vez allí, me sentía bien. Con la adrenalina a mil corriendo por las venas, conectado a mi cuerpo y a mis compañeros. Incluso visualicé por un instante la celebración posterior, la cervecita y las tapas y las risas que compartiría con ellos para festejar nuestro triunfo en el torneo.

Sucedió en el segundo tiempo.

Estábamos defendiendo, yo robé un balón y salí disparado al contraataque. Corría solo hacia la portería y, a medida que me acercaba al guardameta croata, me preparé para lanzar. Pero justo cuando iba a armar el brazo para tirar, sentí un leve empujón por detrás. Nada violento, apenas una presión descompensada, pero suficiente para que el peso de mi cuerpo se inclinara peligrosamente hacia delante.

Salté. Lancé. Y al caer… la rodilla se clavó en el suelo.

Crac.

Lo oí perfectamente.

Un crujido brutal, una especie de chasquido húmedo, profundo.

El dolor instantáneo, devastador, un clavo de fuego que me arponeó la rodilla.

Y un pensamiento, una daga helada que me atravesó el cerebro de parte a parte (y perdonadme la expresión): «Estoy jodido».

Solté un grito seco, más de rabia que de dolor, aunque el dolor era indescriptible. Me retorcí en el suelo y, al instante, supe que aquello no era una torcedura. No era un susto.

Lo supe de inmediato, pero me resistí a aceptarlo.

Una súplica silenciosa comenzó a elevarse desde lo más profundo de mis entrañas.

«No, no, no… por favor…».

Me dolía tanto que apenas podía pensar con claridad.

Entre varios compañeros me sacaron de la pista en volandas. Yo apenas podía apoyar el pie, y aún menos asimilar lo que estaba ocurriendo. No lloré, pero estuve cerca. De rabia, de impotencia, de miedo. Me llevaron al servicio médico del torneo, donde me pusieron hielo y me vendaron la rodilla. No hubo pruebas diagnósticas, solo una primera contención del daño. Lo justo para poder volver a casa y ponerme en manos del equipo médico del club.

El viaje de vuelta se me hizo eterno por el dolor y la incertidumbre. Iba con la pierna extendida, la rodilla vendada, con ese dolor constante que parecía susurrar —o más bien gritar— que aquello no era una tontería. Era la primera lesión grave de mi vida, y mi cuerpo sabía que aquella era diferente a cualquier otra que hubiera sufrido. Yo lo sabía.

Pero a mi alrededor, el ambiente era otro.

Todos intentaban animarme. Lo hacían con la mejor intención, claro. Comentarios que pretendían consolar: «No será nada», «Seguro que es solo una distensión», «Ánimo, no te preocupes, ya verás que se queda en un susto». Pero ese tipo de frases, cuando uno lleva el miedo en el pecho y el dolor en la carne, no alivian. A veces, hasta te hunden más.

Yo agradecía el intento, pero sentía que nadie daba importancia a lo que me estaba pasando. Años más tarde, ya con otra madurez, comprendí la importancia de no subestimar los sentimientos de alguien que sufre y cuál es la mejor forma de acompañar en esos momentos desde la empatía y la escucha. Pero entonces todos éramos jóvenes, hacíamos lo que podíamos y yo me limitaba a intentar sonreír, sintiéndome por dentro cada vez peor.

Hubo el comentario de un adulto, cuyo nombre no diré porque sé que tampoco lo hizo con mala intención, que sí que me hirió especialmente. Con un tono burlón, comentó delante de todos:

—¡Venga, hombre, no seas quejica! Si eso no es nada, lo que pasa es que eres un blando.

Cuando, poco después, el diagnóstico de los médicos confirmó una lesión verdaderamente grave, me vinieron a la cabeza sus palabras. Y no voy a negar que me asaltaron las ganas de decirle: «¿Así que un quejica, eh?». Pero no lo hice, claro. No tenía sentido. Y, además, mi energía se tenía que focalizar en lo que de verdad importaba, que era recuperarme.

El verdadero diagnóstico —el peor— no llegó de inmediato.

Ya en Barcelona, bajo el cuidado del servicio médico del club, fue el doctor Borrell quien se encargó de mi caso. En aquella época, todavía no se utilizaban las resonancias magnéticas, así que todo dependía de la pericia del médico al manipular la articulación. Él sospechó que podía tratarse del menisco roto. Nada alarmante del todo. Algo serio, sí, pero que, con un poco de paciencia y un tratamiento quirúrgico relativamente sencillo, podría resolverse. Me operaron el 27 de noviembre de 1987. Y yo entré en quirófano con esa idea.

Pero lo que se encontraron los médicos fue mucho más grave. La temida triada.

Rotura del ligamento cruzado anterior.

Rotura del ligamento lateral interno.

Desgarro del menisco.

Una de las peores lesiones que puede sufrir un deportista de élite. Para repararla, tuvieron que abrirme la rodilla por completo. Coser las roturas con una doble plastia utilizando mi tejido tendinoso sano para que hiciera las veces de ligamento cruzado. Un procedimiento delicadísimo.

Total, que lo que se suponía que iba a ser una intervención menor, de apenas hora y media, acabó convirtiéndose en una operación de más de cinco horas. Aquel giro inesperado provocó una fuerte preocupación en mis padres, que esperaban noticias con el corazón encogido.

Los dos me habían acompañado al hospital en Barcelona, pero por compromisos laborales mi padre no pudo quedarse, pues tenía que regresar a Vitoria. Me dejó con mi madre justo antes de que entrara en quirófano, convencido de que en un par de horas estaría todo hecho y que, al llegar a Vitoria, podría llamarnos y hablar conmigo ya recuperándome en la habitación. Sin embargo, no fue así.

No había móviles entonces y, cuando por fin llegó a casa y llamó para saber cómo había ido todo, yo seguía en el quirófano. Nadie podía darle una respuesta clara. Más tarde me confesaría que aquellas horas se le hicieron eternas y que, en su vida, pocas veces había sentido una inquietud igual. Mi madre, sola en la sala de espera, tampoco sabía mucho más.

El diagnóstico tras la operación no tuvo nada que ver con el inicial. Lo que debía ser una sencilla artroscopia para tratar el menisco había revelado una realidad infinitamente más grave.

Al despertarme de la anestesia, el dolor era tan intenso que mi rodilla parecía que estuviera en llamas y mi cerebro sumido en una neblina roja. Me costaba entenderlo. No comprendía cómo una simple reparación de menisco podía doler tanto. Fue entonces cuando me contaron la verdad: que habían tenido que abrirme por completo la rodilla, que el cruzado había sido cosido, que el lateral estaba roto, que los tejidos habían sido reconstruidos y que la recuperación sería muy larga.

Y, sobre todo, incierta.

Porque en aquellos tiempos, las lesiones como la mía no tenían aún los porcentajes de éxito que tienen hoy en día. Volver a competir al mismo nivel no era algo garantizado. Había margen para la duda. Y también para el miedo.

¿Qué te viene a la cabeza cuando, siendo un jugador de élite, estás en una habitación de hospital, con una rodilla recién cosida y un dolor que casi no te deja respirar?

Pues que mi sueño deportivo, por así decirlo, se truncaba demasiado pronto. Demasiado joven, demasiado de golpe. Y en aquellos días de recuperación inicial, entre analgésicos y un aturdimiento que parecía haberse instalado en el alma, una idea martilleaba con insistencia mi mente: que el futuro que llevaba años construyendo podía haberse desvanecido en un solo segundo.

Recordaba con claridad las palabras que tantas veces me había repetido mi padre: «Acaba el bachillerato, estudia, ten una base… porque los sueños a veces no se cumplen». Cuántas veces me había enfadado con él por ser tan insistente con eso. Y, sin embargo, ahora lo entendía. Entendía que tenía razón. Porque en aquel momento incierto, lo que me sostenía no era solo la esperanza de volver a jugar, sino también la tranquilidad de saber que, al menos, ya estaba en la universidad. Que si esto se acababa —si no podía volver a ser el jugador que quería ser—, al menos podría seguir formándome, seguir construyendo algo, aunque fuera distinto.

Fueron días oscuros. Llenos de dolor físico, pero también de una angustia densa y persistente. Lo único que podía hacer era mirar hacia delante, sin garantías, sin certezas, pero con toda la voluntad que pudiera reunir.

Algo que me ayudó especialmente en ese propósito, no solo durante mi estancia en el hospital, sino en los meses posteriores, y que aún recuerdo con claridad fue una frase que me dijo el doctor Borrell:

—Mira, Iñaki. La operación fue más complicada de lo que pensábamos al principio, es cierto. Pero quiero que te quedes con esto: te podrán pasar otras cosas en esta rodilla, pero este cruzado, el que te he reparado, nunca más se va a romper.

Y luego, con la misma calma, me explicó técnicamente la intervención, los pasos que había seguido, los tendones utilizados, el porqué de su seguridad. Y volvió a repetir:

—Esta rodilla no te va a dar más problemas.

Parece una frase sencilla. Pero para un chico joven, lleno de dudas, con una carrera que aún no había arrancado y que ya amenazaba con terminarse… fue una inyección de esperanza. Un punto de anclaje. Pensé: **«Pues si esta rodilla va a aguantar lo que le echen, entonces yo también».**

Rehabilitación o el duro camino de la paciencia

El tiempo de recuperación fue sorprendente. De récord. Y lo fue por muchas razones. Para empezar, la técnica quirúrgica utilizada era poco invasiva. El doctor Borrell había optado por realizar la doble plastia del ligamento cruzado utilizando mi propio tejido tendinoso. No había implantes artificiales ni cuerpos extraños que el organismo debiera asimilar. Era mi cuerpo el que, con su propia materia, debía regenerarse y adaptarse. Y eso, en cierto modo, me ofrecía una confianza especial: la recuperación dependía de mí, de mi biología, de mi esfuerzo.

Pero, sobre todo, creo que lo que aceleró el proceso fue la motivación.

Cuando me operaron, la temporada aún estaba en marcha. Y yo

me aferré a una idea tan loca como esperanzadora: ¿y si llego a tiempo de jugar, aunque sea un solo partido antes de que acabe? Era una posibilidad remota, casi un autoengaño. Lo lógico habría sido tomármelo con calma, recuperarme durante el verano y llegar en forma a la siguiente pretemporada. Pero no. Yo necesitaba volver antes. Necesitaba demostrar que seguía vivo como jugador. Que aquella lesión no me había derrotado.

Esa «zanahoria» —volver antes del verano— se convirtió en mi faro. Me levantaba cada mañana con el cuerpo dolorido, pero con ese pensamiento fijo. Pico y pala. Sin saltarme una sola sesión. Horas de fisioterapia. Ejercicios de fortalecimiento. Hielo. Reposo. Más ejercicios. Paralelamente, seguía ejercitándome para mantener la masa muscular del cuerpo. Y, mientras tanto, seguía asistiendo a los entrenamientos del equipo. No podía hacer otra cosa. Me sentaba en el banquillo, con ropa de calle, veía jugar a mis compañeros y me ardía la sangre. No de envidia, sino de impotencia. Cada pase, cada contraataque, cada gol… eran una muestra cruel de lo que yo no podía hacer. El dolor de no estar en la pista era devastador, peor que cualquier agujeta.

Fue una etapa muy dura emocionalmente. No llegué a caer en una depresión, pero viví momentos de profunda desmotivación y miedo. Hubo muchas lágrimas, muchos días que me preguntaba si servía de algo seguir esforzándome tanto, si no estaba ya todo perdido. ¿Y si todo era en vano? Pero, quizá por la inconsciencia de la juventud, no me detuve demasiado en la queja. Acepté. Y pasé a la acción.

No había espacio para la melancolía. Solo para seguir. Para hacer lo que estuviera en mi mano. Para no rendirme.

Poco a poco, ese mantra, ese «no voy a rendirme», fue calando en mí como una verdad absoluta. Cada pequeño progreso era un peldaño. Cada día sin retrocesos, una victoria silenciosa.

Y al final, lo conseguí. En total, fueron cinco meses y veinte días desde la operación hasta el regreso a las pistas. Una recuperación asombrosamente rápida, sí, pero no milagrosa. Fue el resultado de muchas decisiones bien tomadas, de un cuerpo joven que respondió y de un entorno que me sostuvo: médicos y fisios de primer nivel, un club comprometido y un yo interior que no se permitió venirse abajo.

En los últimos partidos de la temporada, volví a vestirme de corto. Jugué algunos minutos. No fue mucho, pero fue todo. Era volver a tocar balón, volver a correr, volver a sentir que pertenecía a ese equipo. Me quité el miedo, la sensación de fragilidad, y volví a sentirme un jugador. Ese pequeño regreso antes del verano fue un subidón emocional.

Gracias a eso, inicié la pretemporada siguiente con una energía brutal. Me sentía fuerte, agradecido y con una misión: demostrar que merecía quedarme. El contrato inicial con el Barça era por tres años, de los que ya había consumido dos. Era muy consciente de que me quedaba poco tiempo para hacer méritos para la ansiada renovación. Ese era el año clave. Y yo sabía que tendría que poner toda la carne en el asador.

Daño colateral: los estudios

El hecho de que toda mi energía estuviera enfocada en un solo objetivo —recuperarme—, casi al límite de la obsesión, tuvo obviamente otras consecuencias.

La universidad quedó relegada a un segundo plano. No porque no me importara —me importaba mucho, de hecho—, sino porque simplemente no podía con todo. Abría los libros y no conseguía retener una sola línea. Me sentaba a estudiar y a los cinco minutos me invadía una neblina mental imposible de disipar. Si soy absolutamente sincero conmigo mismo, puede que, aparte de la angustia, el estrés y el agotamiento —que eran muy reales—, quizá también hubiera un poquito de autoindulgencia. Un pelín de autoengaño. La sensación de no poder con los estudios era abrumadora, es cierto. Pero ahora, con otra madurez, me pregunto si aquella situación no sería la excusa perfecta para justificar el abandono de algo que se me había hecho demasiado cuesta arriba, sin sentirme tan culpable.

En cualquier caso, la universidad no funciona con pretextos. O apruebas o no sigues. Aquel curso no cumplí con los mínimos exigidos. Me expulsaron de Empresariales. Otro mazazo en plena cara. Otra pérdida.

Intenté recomponerme. Busqué una salida rápida, una vía de continuidad que me permitiese no perder el ritmo académico por completo. Me matriculé en la carrera de Químicas, en un giro de guion como poco desconcertante, lo reconozco. La ciencia siempre me había gustado, mi padre y mi hermana Laura habían trabajado en laboratorios, y quizá —me dije— había en mi sangre algo de la herencia paterna. Intenté ilusionarme a la desesperada.

Pero bastó un mes. Solo uno para darme cuenta de que aquello no era lo mío.

No había un atisbo de vocación y sí mucho de huida. Cuando lo tuve claro, me fui de Químicas y volví a centrarme en mi recuperación, dejando para cuando pudiera razonar con más calma la decisión sobre mi futuro académico.

Lo cierto es que el siguiente curso conseguí volver a Empresariales. Me presenté en la Universidad de Barcelona y expliqué todo: la lesión, la rehabilitación, las exigencias del club, el momento vital que me había desbordado. Fui sincero. Y no sé si fue mi capacidad de convicción o una mezcla de compasión y sentido común, pero me readmitieron. De nuevo, la vida me recordaba una de sus enseñanzas: no forzar las cosas, esperar el momento y trabajar duro para que lo que tenga que suceder suceda cuando toca.

Me reenganché a los estudios con una nueva mentalidad. Me habían dado la oportunidad de retomarlos, y no iba a desaprovecharla. Mi compromiso de terminar la carrera fue más firme que nunca, y, a mi ritmo, logré hacerlo.

Aprender a no rendirse

El año de la lesión me dejó muchos aprendizajes. Una recuperación así te cambia. Te obliga a mirar hacia dentro. Te enseña que no basta con tener fuerza en las piernas; hay que tenerla también en la mente. Porque el cuerpo es tu herramienta de trabajo, sí, pero la cabeza es quien decide si te rindes o sigues.

Aprendí el valor de dejarte ayudar. Tuve el apoyo inestimable del equipo médico, de mis compañeros, de la gente del club. Pero, sobre todo, tuve a Aitor. Aitor Etxaburu, otro chico vasco como yo, que llegó el mismo año al Barça y sufrió una lesión casi idéntica a la mía, en el mismo periodo.

Éramos dos jóvenes lejos de casa, unidos por el infortunio y por un sueño en común. Compartimos rehabilitación, frustraciones, bromas amargas y pequeñas victorias. Y, sin darnos cuenta, creamos un refugio. Aprendí el valor incalculable de una amistad que se teje en momentos difíciles.

En esos meses descubrí una resiliencia que quizá no sabía que tenía.

Una resiliencia que muchos años más tarde tuve que volver a encontrar, y multiplicarla por mil, cuando otra caída mucho más profunda volvió a poner en pausa mi vida.

Pero volviendo a aquellos meses de mi juventud, aprendí a valorar lo que había perdido, lo que de repente echaba tanto de menos —mi movilidad, la vida de equipo, el vestuario, la adrenalina de cada partido—. Aprendí a levantarme cada mañana y a enfrentar cada pequeña batalla como si fuera la definitiva: contra el dolor, contra el cansancio, contra la frustración, contra el miedo. Entendí que la mentalidad con la que encaras una lesión (un bache, un revés, lo que sea que desmonte tu existencia) es tan importante como la que llevas a un partido decisivo.

Aprendí que la motivación hace milagros.

Yo necesitaba recuperar mi cuerpo, sí, pero más aún necesitaba encarrilar de nuevo mi sueño. Volver a ese camino de crecimiento dentro del Barça. Aunque volver no era suficiente. Ahora tenía que demostrar que merecía quedarme.

Por delante, solo un año para renovar contrato.

Un año para convencer a todos de que la lesión no me había roto. Que podía ser parte del gran proyecto que ya se estaba forjando. Que podía formar parte del equipo que empezaba a soñar con convertirse en leyenda.

Me sentía capaz de todo. No en vano había vuelto a jugar después de cinco meses y medio. Cuando los pronósticos hablaban de nueve meses, incluso un año, yo volví casi a la mitad. Volví por cabezonería. Por disciplina.

Volví porque no podía permitirme no volver.

Y el que volvió, no era el mismo chaval. Ahora tenía otra cosa. Una mentalidad de resiliencia. Una determinación más firme. Un conocimiento más profundo sobre lo que significa caminar por la cuerda floja, caer… y levantarse.

Ahora sabía que rendirme no sería nunca una opción.

Capítulo 5

Los sueños se conquistan en equipo

Aquel tercer año, el siguiente tras la lesión, fue muy intenso. No solo porque mi cuerpo aún conservaba las huellas de la batalla reciente —la rodilla, aunque fuerte y recuperada, nunca volví a sentirla igual, tuve que acostumbrarme a ella—, sino porque sabía que me estaba jugando mucho más que un puesto en el equipo: me estaba jugando mi futuro.

Entrenaba con una concentración casi quirúrgica, cuidando cada detalle. Mi margen de error era mínimo. Sabía que no bastaba con estar bien: tenía que estar mejor que nunca. Y lo estuve. Con trabajo diario, tesón y esfuerzo, finalmente llegó la esperada renovación.

El nuevo contrato trajo consigo también una mejora en las condiciones económicas, como solía ser habitual, salvo en casos excepcionales. Teníamos un salario base, pero donde realmente podías marcar la diferencia era en las primas por títulos. A veces, esas bonificaciones podían casi duplicar el sueldo y eran un estímulo más —aunque no el único— en nuestras ansias de victoria.

Y entonces llegó ella, cuando yo tenía veintitrés años…

La primera Copa de Europa.

La emoción de ese triunfo fue indescriptible. Esa copa era la confirmación de que pertenecía a un colectivo de élite. Un grupo selecto donde jugabas con los mejores... y contra los mejores, aunque todavía no éramos plenamente conscientes de que se trataba del comienzo de una era.

La celebración fue solemne, pero contenida. Nada de desbordamientos locos, hubo euforia, pero siempre bajo control. Como era costumbre en el club, ofrecimos el título a las instituciones: primero al Ayuntamiento de Barcelona, luego a la Generalitat y también a la Basílica de la Mercè, donde siempre hacíamos una breve ofrenda, más simbólica que religiosa, pero llena de sentido. Era un acto de reconocimiento: el club devolvía a la ciudad lo que la ciudad le había dado.

A nivel de equipo, se organizaba una cena oficial. Una velada con el presidente, los técnicos y las parejas de los jugadores. Las copas de cava y vino se alzaron esa noche para brindar, con alegría genuina y mucha emoción, pero no para celebrar de forma desmedida. Porque Valero Rivera era inflexible en esto: sabía que aún quedaban partidos de liga, tal vez una final de Copa del Rey, y su mensaje era inamovible: «Celebramos, sí. Pero mañana volvemos al trabajo».

Y así era. El espíritu del equipo se sostenía en la disciplina. Esos días después del triunfo hubo orgullo, por supuesto. Sonrisas, abrazos, incluso alguna lágrima de satisfacción. Pero también había una conciencia nítida de que la excelencia no se mantenía sola. No se alimentaba de los triunfos, sino de lo que seguíamos exigiéndonos tras cada victoria.

Aún no se hablaba del Dream Team. Ese nombre llegaría más tarde, cuando las vitrinas rebosaran de títulos y los periódicos de titulares sobre nosotros. Pero ya se respiraba algo distinto. El equipo empezaba a consolidarse en Europa como un referente. Subíamos. Silenciosos. Coordinados. Inquebrantables.

La era dorada

Durante los dos años siguientes a aquella primera Copa de Europa se ganó solo una Recopa. Fueron temporadas, como digo, de crecimiento silencioso, de ajustes, de maduración. Pero entonces, entre los años 1995 y 2000, ocurrió algo que muy pocos equipos han logrado en la historia del deporte: el Barça de balonmano lo ganó prácticamente todo. Cinco Ligas. Cinco Copas de Europa consecutivas. Un ciclo perfecto. Una era dorada, inolvidable.

¿Cuál fue el secreto? Yo lo tengo muy claro, no hubo uno solo. Fue una confluencia de factores, de trabajo acumulado, de compromiso, de método.

El bloque que venía trabajando junto desde hacía años estaba alcanzando su madurez. No solo física o técnica, sino también humana. Personal y grupalmente, habíamos llegado a un punto de absoluta conexión. Compartíamos la misma filosofía.

Fluíamos.

Vivíamos en un estado de conexión natural donde casi jugábamos con los ojos cerrados. Era una sensación de armonía colectiva y sincronía que, cuando la recuerdo, aún me emociona.

Ya lo he explicado antes.

Teníamos *flow*.

Cada puesto en el equipo estaba cubierto por dos jugadores de altísimo nivel. Todos comprendíamos cómo funcionaba el Barça de Valero Rivera, y lo que se esperaba de nosotros. Y eso, que puede parecer simple, no lo es. Porque no todo el mundo encaja en un sistema tan exigente. Había talento, sí. Pero, sobre todo, había humildad. Había voluntad de ganar. Y compromiso con el grupo. Valero no fichaba estrellas, fichaba jugadores de equipo de altísimo nivel: «El día que sales a jugar creyéndote demasiado bueno, lo pagas. Y tu equipo lo paga contigo».

Con el paso del tiempo, el grupo había adquirido una profesionalidad personal muy potente. El ritmo era implacable: entrenamientos diarios, partidos todos los sábados y los miércoles, competiciones que no daban tregua. Y con los años, el cuerpo también empieza a hablar más alto. Las recuperaciones ya no eran tan rápidas, así que aprender a cuidarse dejó de ser un consejo para convertirse en una necesidad.

No había margen para la relajación. Cada jugador desarrolló una rutina personal casi sagrada: alimentación, descanso, preparación mental, prevención de lesiones. Todo sumaba. Todo pesaba.

Y así nació lo que más tarde la prensa internacional bautizó como el Dream Team. No porque fuéramos estrellas, sino porque como equipo, éramos indestructibles.

Tanto dentro de la pista como fuera (en el *staff* técnico), tuve la suerte de compartir aquel viaje con figuras inolvidables que hacían que los engranajes del equipo funcionaran como una maquinaria de relojería. Toni, la sombra de Valero; Guti, el doctor Gutiérrez, con su rol casi paternal; Paco, un visionario de la preparación física; Joan, una vida vinculada al balonmano… Amigos y compañeros míticos que dejaron huella en el equipo y también en mi vida. Valero sabía elegir a los mejores y, además, hacerlos todavía mejores.

Pero, aunque no hubiera estrellas entre los jugadores —algunos no llegaron a integrar el llamado Dream Team porque acabaron antes, pero fueron muy importantes para construir el carácter del mismo— , sí que hubo durante el proceso jugadores estelares. Como el caso de Veselin Vujović, un jugador único, magnético, que organizaba el juego con una claridad que parecía sobrenatural.

Llegado desde la antigua Yugoslavia —donde entonces no permitían a sus deportistas salir del país hasta cumplir el servicio militar—, Vujović aterrizó en Barcelona cuando ya había sido elegido mejor jugador del mundo. Venía «hecho», como se decía en los vestuarios. Pero lejos de mirar por encima del hombro, vino a sumar.

Con los jóvenes fue maravilloso. Nos ayudaba a hacer las cosas mejor. En los entrenamientos y en los partidos, nos decía: «Mira, cuando yo haga esto, tú entra por aquí; tú colócate allí; tú espera este pase. Ya verás que te irá bien». Lo hacíamos... y salía bien.

Dentro de la pista, era el líder. Indiscutible. No solo por lo que jugaba, sino por cómo generaba juego, por su lectura del partido, por su capacidad para contagiar su energía al resto. Teníamos también a Lorenzo Rico en la portería, una figura imprescindible y una influencia clara en el grupo. Y a otros como Cecilio Alonso, Bogdan Wenta, Dedu, Maglalia, Portner, Demetrio, Hermida, Kalina, que, junto con los que ya estaban en el Barça, como Sagalés, Serrano, Uria, Grau, constituían un talento extraordinario. Los más veteranos nos entregaban su experiencia con generosidad; los más jóvenes éramos como esponjas, aprendíamos de ellos, esperábamos nuestro momento y aportábamos todo lo que podíamos al equipo.

Más adelante los jóvenes como Barrufet, O'Callaghan, Barbeito, yo mismo, pasamos a ser los veteranos, y después llegaron Enric Masip, Patrik Ćavar, Antonio Carlos Ortega, Xepkin, Schwarzer, Guijosa, Garralda, Svenson, Josu Olalla... la lista es larga.

Fuimos una generación irrepetible. Entre los años 1996 y 2000 monopolizamos todos los títulos con una autoridad que asombró al mundo del balonmano. Lo que logró aquel grupo no se había visto antes.

Valero Rivera orquestó un equipo donde cada pieza tenía su importancia. Como diría años después Xavier O'Callaghan —un pilar esencial de aquel vestuario, que vistió durante toda su carrera la misma camiseta y se retiró con siete Copas de Europa—: «Fue una revolución en el ritmo de juego. Valero puso a jugar a catorce jugadores. Todo el mundo tenía su momento. Lo que te llevaba a tener un ritmo de partido muy elevado».

Esto se unió a tácticas colectivas innovadoras. Estrategias que marcaron un punto de inflexión: como una defensa 5-1 realizada a la perfección o una variedad de jugadas tácticas para cada momento que nos daba una riqueza única en el juego. Novedades que descolocaron a muchos rivales, que no sabían cómo atacarnos ni cómo neutralizarnos. Aquella defensa casi disruptiva se sumaba a la velocidad con la que atacábamos. No dábamos tregua. Sabíamos lo que hacíamos. Sabíamos lo que éramos.

Y éramos una máquina de destrucción masiva. Nuestro grito de guerra (refiriéndonos a las dimensiones de la cancha de balonmano): «¡Al 40 × 20 no nos gana nadie!».

Un vestuario complejo pero eficaz

A pesar de todo lo que acabo de contar, tampoco quiero dar la sensación de que aquel vestuario fuera una balsa de aceite. No lo era. Éramos un equipo de élite, sí, pero también un grupo humano con todo lo que eso implica: egos, tensiones, diferencias.

Había quien necesitaba sentirse más protagonista. Otros aceptaban —o incluso preferían— un rol más discreto. Algunos encajaban a la perfección en la filosofía del grupo. Otros necesitaron un tiempo de adaptación. La excelencia no está reñida con la fricción. Y cuando hay mucho en juego, y todos aspiran a dar lo mejor, las chispas son inevitables. Al final, cada uno acababa aceptando el rol que se le asignaba, aunque su propia percepción le hubiera impulsado a pretender otro.

Hubo, por supuesto, momentos de desacuerdo, conversaciones tensas, incluso pequeñas explosiones. Pero también recuerdo que, si algo amenazaba con desestabilizar el rendimiento colectivo, se hablaba. No se barría bajo la alfombra. Esa era, en esencia, la regla no escrita.

Podíamos pensar distinto, vivirlo distinto, desear cosas distintas... pero cuando salíamos a jugar, todos queríamos lo mismo: ganar. Y esa ambición común era más poderosa que cualquier desencuentro.

Porque, al final, lo que nos unía no era la afinidad personal, sino algo más profundo: el compromiso con un proyecto que nos trascendía.

Y también estoy convencido de que hay algo referente a la amistad en el balonmano que merece un punto y aparte. Lo hablamos muchas veces entre nosotros, los que estuvimos allí. Y todos coincidimos: este deporte crea un tipo de vínculo muy difícil de explicar y aún más difícil de romper. Puede que no sea así en todos los deportes, pero en este sí lo es.

Sí, hubo roces, claro. Relaciones más frías entre unos, afinidades entre otros. Pero existía una magia que unificaba al grupo en cuanto pisábamos la pista. Una mentalidad de dejar el yo en la puerta del vestuario y entregarse al nosotros. Esa ética común se imponía a todo.

El Dream Team del Barça podía tener un vestuario revuelto. Muy revuelto, a veces. Pero el anhelo de victoria era un idioma común que todos sabíamos hablar.

Durante mis catorce años en el primer equipo del Barça, tejí vínculos profundos que, con el tiempo, se transformaron en auténticas amistades. Recuerdo con un cariño especial a David Barrufet y Fernando Barbeito. Éramos inseparables. Nos llamaban «el trío de la benzina». Compartimos viajes, entrenamientos, celebraciones, derrotas… pero también muchos temas personales, silencios, confidencias y alguna que otra mirada cómplice en los momentos tensos.

Barbeito se marchó antes de que acabara la época dorada del Dream Team, pero su huella quedó. Con Barrufet, el vínculo se mantuvo fuerte año tras año. Y seguimos unidos incluso cuando la pista ya era un recuerdo.

Y es que el Barça, para mí, no fue solo un club. Fue una segunda familia. Allí sentí algo que no he vuelto a sentir en ningún otro lugar. Un sentimiento de pertenencia.

Porque, como explicaré mejor en la próxima etapa de mi vida, no es lo mismo encajar que pertenecer.

Hoy, con los años, sigo sintiendo ese hilo invisible que me une a aquel grupo de jugadores. Aunque hayan pasado dos décadas sin vernos, nos encontramos y la conexión es inmediata. No hace falta romper el hielo. No hay hielo. Solo hay una sonrisa, una palmada en la espalda y la sensación de haber compartido algo que muy pocos entienden.

Quizá por eso siempre hemos pensado que lo nuestro —lo del balonmano, lo del Dream Team— tiene algo especial. Algo que otros deportes, con toda su fama, su complejidad o sus egos, quizá no tienen.

Nosotros nos alegramos de vernos. Siempre.

Valero y su gestión de conflictos

Valero Rivera era plenamente consciente de que, en un vestuario tan exigente como el nuestro, las tensiones eran inevitables. Conocía las dinámicas internas al detalle, pero no intervenía a las primeras de cambio. Era selectivo. Escuchaba, observaba... y solo actuaba si intuía que un conflicto podía comprometer el rendimiento en pista o el compromiso con los entrenamientos. Su liderazgo no era invasivo, pero sí quirúrgico cuando hacía falta.

Una de las medidas más simbólicas que adoptó en ciertos momentos —sobre todo hacia el final de mi carrera, cuando los títulos se acumulaban y los egos también— fue la de retirar y redistribuir las capitanías. No como castigo, sino como un gesto destinado a reequilibrar fuerzas dentro del grupo, rebajar tensiones o abrir espacio a nuevos liderazgos. Lo hacía con cálculo, como quien reordena una maquinaria precisa para que siga funcionando sin ruido.

En general, confiaba en que fuésemos nosotros, los propios jugadores, quienes gestionáramos nuestras diferencias. Apelaba a nuestra madurez, a nuestro compromiso con el colectivo. Solo cuando percibía algo concreto —un descenso de intensidad, una actitud que no encajaba o incluso señales de que algo personal podía estar afectando al rendimiento—, se acercaba y preguntaba directamente, sin rodeos.

Una toalla no es (solo) una toalla

Quizá esa distancia que Valero Rivera mantenía con el plano más personal de los jugadores —ese principio suyo de intervenir solo cuando algo amenazaba al conjunto del equipo— no ayudó en una época en la que la relación entre ambos se tensó sin necesidad, fruto más del silencio que del conflicto.

Yo sentía que él no quería renovarme, que no estaba contento con mi juego. Y él, por su parte, creía que yo ya no tenía interés en seguir, que había perdido la ilusión. ¿Cuál fue la causa de qué? ¿Qué vino primero, su percepción o la mía? No lo sé. A veces basta con una mirada no devuelta, una frase mal interpretada o una ausencia de palabras para construir un muro.

Por mi parte, reconozco que me cuesta abordar de frente a quien percibo distante. Me puede ese pudor de no querer incomodar al otro si sospecho que ya no me quiere cerca. Y como yo seguía cumpliendo, rindiendo, Valero tampoco vio motivos, dentro de su lógica, para intervenir. Así, la tensión fue creciendo.

Hasta que Guti, el médico del equipo, tomó cartas en el asunto. Pero no era solo eso. Era también un observador agudo del alma del vestuario, un puente invisible entre los jugadores y el cuerpo técnico. Si alguien sabía lo que pasaba, no solo por nuestros cuerpos sino también por nuestras cabezas, era él.

Un día, se acercó y me dijo:

—Oye, en el vestuario de los entrenadores faltan toallas. ¿Por qué no se las llevas tú a Valero?

Lo miré como si me hubiese pedido que cruzara descalzo un campo de espinas.

—¿Yo? ¿Toallas? Ni loco.

Y él, sereno, sin levantar la voz, tan solo dijo:

—¿Tú quieres seguir en este club?

—Sí, claro.

—Entonces ve. Esto no es solo una toalla, hijo.

Me costó aceptarlo, por pura cabezonería. Pero si yo era testarudo, el médico era más tenaz aún.

Fui. Le llevé la toalla al entrenador. Y cambió todo.

Valero era una persona que valoraba profundamente los actos que no necesitan palabras. Él sabía leer ese tipo de cosas. No sé si vio solo un gesto generoso o un indicador de algo más, pero funcionó. Estoy convencido de que ese día, al verme aparecer con la toalla en la mano, entendió que yo quería seguir. Que yo estaba dispuesto.

El médico, con su infinita agudeza psicológica, cuando Valero le había dicho que necesitaba una toalla y luego se cruzó conmigo, supo ver la oportunidad.

Ese detalle, trivial en apariencia, alivió una tensión que llevaba tiempo flotando en el aire. Fue el primer paso hacia un entendimiento silencioso pero eficaz. Me enseñó algo que no he olvidado: el poder inmenso de un acto humilde.

Desde siempre he mantenido una excelente amistad con el doctor Gutiérrez. Y no solo porque es un gran médico, que también, sino porque en determinados momentos —y esto no solo lo pienso yo, sino todos los que lo conocen bien— sabe ver lo que muchos no ven: que hay ocasiones en las que una toalla no es una toalla. Es una puerta. Una tregua. Una reconciliación.

Un gesto.

El fin de una etapa

Me casé en 1997, con veintinueve años, en plena edad dorada del equipo. Y tres años más tarde, a los treinta y dos, tras alzar la quinta Copa de Europa, supe que el final estaba cerca. No porque me sintiera agotado ni desmotivado especialmente, sino porque, por un lado, empezaba a percibir el desgaste, y, por otro, sentía que había ya rozado lo sublime (en el año 2000 ganamos todo a lo que nos presentamos).

En aquella época, no era común alargar la carrera más allá de los treinta y cuatro o treinta y cinco años. Se jugaban muchos minutos por partido, la rotación era menor y el cuerpo lo notaba. En mi caso, tenía un hombro —justo mi hombro fuerte, el izquierdo— que llevaba un tiempo dándome problemas. Por otro lado, me gustaba estructurar mi carrera como una sucesión de ciclos olímpicos. Nunca me había planteado seguir un año más por el simple hecho de continuar otro año. Mis decisiones de continuidad abarcaban bloques de cuatro años. Y el último de ellos había culminado en Sídney 2000. Allí, con la selección, ganamos el segundo bronce olímpico y el Barça arrasó en todas las competiciones: Liga, Copa del Rey, Copa Asobal, Supercopa y Copa de Europa, Supercopa de Europa, Lliga Catalana... Todo. Un año perfecto. Y pensé: «Si hay un momento para cerrar una etapa, es este».

Tomé la decisión con serenidad. Teníamos un hijo pequeño y otro en camino, una familia en crecimiento y la sensación de haber tocado techo en el deporte. Una convicción íntima latía en mi interior: era el momento de bajar el telón. No con tristeza, sino con gratitud.

Y la verdad es que durante mucho tiempo me sentí en paz con esa decisión. Al principio, agradecí la liberación del rigor físico, de la exigencia diaria, de los viajes continuos... No negaré que al asistir a partidos como espectador sentía un pellizco en el alma. Añoraba la cancha. Pero, en general, lo llevé muy bien. Sin embargo, debo confesar que mucho tiempo después, incluso hoy en día, aunque no siento arrepentimiento como tal, sí que me asaltan dudas de vez en cuando. Me pregunto si no habría debido seguir un ciclo más.

Pero los años también me han enseñado que la nostalgia es una pésima consejera cuando se trata de juzgar decisiones pasadas. La vida no se rebobina. Y no hay que mirar atrás para lamentar, sino para comprender. Hoy, cuando acompaño a deportistas en su transición postélite, intento ayudarlos precisamente a eso: a encontrar un nuevo propósito, a construir desde lo vivido, a reconciliarse con lo que ya no volverá y encontrar un nuevo rumbo.

Por supuesto, el deporte nunca ha desaparecido de mi vida. Ha seguido acompañándome en formas nuevas: el tenis, el esquí, la bici, el senderismo, el *running*. Mantengo la actividad física como un hábito. Porque tengo claro que el envejecimiento saludable comienza por una mentalidad deportiva. Muchos exdeportistas envejecen bien porque conservan esa cultura del cuerpo, del cuidado, de la disciplina. De mantenerse en movimiento.

Hoy, a mis cincuenta y siete años:

Mantengo mi peso estable.

Hago ejercicio diario: natación, elíptica, algo de fuerza.

Juego al pádel, al tenis, salgo en bicicleta.

Evito deportes de alto impacto como correr, porque las rodillas y la espalda ya han pagado su tributo.

Y el deporte sigue en mi vida de una forma aún más especial. Ahora, soy el padre de un deportista de élite.

El legado continúa

El 30 de octubre de 2025, mientras estaba inmerso en la escritura de este libro, mi hijo Pablo debutó con la selección española. Y me cuesta expresar la emoción que eso me provoca.

Soy padre de cuatro hijos maravillosos —tres chicos y una chica— y cada uno ha tomado su propio camino, pero vocacionalmente yo me veo muy reflejado en Pablo, que hoy es jugador profesional de balonmano. No fue algo que le impusiera. Al contrario. De hecho… ¡su decisión fue toda una sorpresa! Siempre le dije que no tenía por qué seguir mis pasos, que encontrara su vocación donde fuese, lo importante es que fuera feliz. Pero él eligió este deporte. Y el camino que siguió hasta aquí tuvo tantas similitudes con el mío que a veces contemplarlo ha sido como mirarme en un espejo.

Todo comenzó en Barcelona, cuando aún vivíamos allí, y empezó a jugar en el equipo de su colegio, el Liceo Francés. Enseguida pareció que mi historia comenzaba a repetirse. Tuvimos que mudarnos a Washington y, de la misma forma que a mí me pasó en Vitoria, Pablo no encontró allí la forma de practicar balonmano. Así que durante tres años se volcó en el fútbol, se adaptó a este deporte y lo disfrutó.

Pablo tiene un talento natural. Lo tiene para muchas cosas. Tiene una intuición innata para el deporte. Le das un balón de baloncesto, una raqueta o unos esquís, y parece que haya sabido usarlos de siempre. Pero su talento no se queda ahí. Tiene facilidad para explorar nuevas disciplinas, ya sea hablar idiomas, tocar el piano con gran sensibilidad o interesarse por el mundo en general. Es un deportista nato, sí, pero sobre todo es un joven constante, íntegro, con ganas de crecer.

Cuando regresamos a Barcelona, volvió también a su deporte favorito, el balonmano, que parecía como si lo hubiera estado esperando todo ese tiempo: esta vez en el Esplugues.

Durante nuestra etapa en Ginebra pudo continuar con el balonmano, pero empezó a alternarlo regularmente con la práctica del tenis. Recuerdo que su entrenador nos dijo con convicción: «Podría llegar lejos si se lo propone. Tiene las aptitudes para dedicarse a esto profesionalmente». Y fue entonces cuando sentí que la historia volvía a repetirse.

Me vi reflejado en mi padre, cuando me invitó a pensar seriamente sobre mi futuro entre el balonmano y el baloncesto. Y, como él hizo conmigo, su madre y yo nos sentamos con Pablo y le dijimos, casi con las mismas palabras: «Tienes que decidirte, hijo».

Tocó tirar de hemeroteca familiar. Y compartí con él la misma reflexión que mi padre me ofreció a mí: «Mira, Pablo, en baloncesto yo podría haber servido. Medía 1,97, era alto, sí, pero no de los más altos. Llegaba tarde a un deporte que otros llevaban perfeccionando desde niños. Quizá podría haber llegado a ser un jugador de medio nivel. Pero en balonmano ya me habían dicho que tenía algo especial, no solo por ser zurdo y tener altura, sino por una comprensión natural del juego que no se enseña».

Y le propuse imaginar su propia trayectoria con la misma lógica: «En tenis, quizá podrías llegar, por ejemplo, y con mucha suerte, a ser el séptimo de España. Y con más fortuna, el cincuenta del mundo, el ciento cincuenta… no lo sé. Y eso sería un logro enorme. Pero si lo que buscas es dejar una huella, ser relevante, tener impacto…, yo creo que el balonmano es tu camino».

No quise imponerle nada. Solo quería compartir con él la perspectiva que da haber recorrido un camino parecido, con sus luces y sus sombras.

Pablo mide 1,94, también es zurdo, tiene una lectura del juego brillante y aprende rápido. Es más ligero de peso que yo a su edad, más ágil, más móvil. En ataque se mueve con una velocidad que yo no tenía, y su capacidad para crear espacios es admirable. Juega de forma parecida a como lo hacía yo, sí, pero ha incorporado una modernidad, una frescura que lo hace distinto. En defensa quizá sufre más en comparación, porque yo, con más peso, podía aguantar mejor el impacto de los atacantes. Pero en lo esencial, compartimos posición, compartimos mirada, compartimos pasión.

Pablo tomó una decisión valiente al terminar el bachillerato, con solo diecisiete años. Nos dijo que quería cogerse un año sabático a nivel académico. Quería comprobar si realmente servía para esto, si el balonmano podía ser su camino. Y lo quiso hacer en serio: en un país donde el balonmano se respira en cada pabellón, con estructuras sólidas y una cultura competitiva exigente. Así fue como acabó en Alemania, en el equipo juvenil del Hannover, donde estaban como entrenadores dos grandes amigos míos: Antonio Carlos Ortega e Iker Romero.

Hannover fue una verdadera escuela de vida para él. A nivel físico, no tenía aún el desarrollo de sus compañeros alemanes —auténticos armarios a esa edad—, así que sufrió, claro que sí. Pero también maduró. Aprendió a convivir con la exigencia, con la distancia, con el idioma.

Después de Alemania, y tras un paréntesis condicionado por el COVID en Nantes, Francia, volvió a Barcelona. Entró en el Barça B a entrenar, sin jugar. Pero hay un momento clave, entre los veinte y los veintiún años, en el que el número de fichas que pueden pasar del filial al primer equipo es limitado. Pablo lo sabía, y decidió no quedarse esperando: buscó su oportunidad. El BM Granollers apostó por él, y lleva ya tres temporadas allí.

Hoy tiene veinticinco años. Y sigue creciendo. En todos los sentidos. No tiene techo visible. Su camino es suyo, pero, como padre, verlo recorrer una senda tan parecida a la mía es profundamente emocionante.

Cada vez que lo veo jugar siento esa mezcla de ilusión y orgullo que solo puede entender quien ha vivido el deporte desde dentro y ahora lo observa desde la grada, con el corazón en la cancha. Me emociono de verdad. No por lo que consigue, sino por cómo lo vive.

Si tuviera que darle un solo consejo —y se lo doy, una y otra vez— es este: juega con el *flow* que tienes. Disfruta.

Esa es la clave. Cuando se divierte, cuando fluye, su juego se vuelve natural, hermoso, eficaz. Cuando se bloquea por la autoexigencia o la presión, su luz se apaga un poco.

Por eso le repito siempre: fluye.

Disfruta.

Aprendizajes de esta etapa

Antes de cerrar esta segunda parte, quiero detenerme un instante para mirar hacia atrás y recoger algunas de las enseñanzas más profundas que me dejó el balonmano en esta etapa. No son simples conceptos teóricos, sino valores resultantes de todas las experiencias vividas intensamente durante tantos años y desde una edad muy temprana. Me duele confesar que más adelante muchos de estos valores se diluyeron, quedaron enterrados bajo capas de otras cosas… No quiero decir que los perdiera, porque no es cierto. Nunca desaparecieron del todo. Cuando de verdad los necesité, descubrí que seguían ahí, y me sirvieron para encontrar el camino hacia la evolución, el camino de vuelta hacia mí mismo.

A día de hoy, me siguen acompañando en este viaje.

El éxito es un trabajo colectivo

El trabajo en equipo es la base de todo. Puedes tener talento, puedes entrenar o practicar tu disciplina mil horas… pero si no aprendes a poner todo ese esfuerzo al servicio del grupo, no llegarás lejos. Siempre hay personas a tu alrededor que están haciendo posible tus logros y tu responsabilidad es ponerte también al servicio de los suyos. Porque las victorias que de verdad llenan el alma son aquellas que se comparten.

La verdadera humildad nace del compañerismo, de entender que el éxito no es solo tuyo.

Ama y disfruta lo que haces

Durante muchos años, mi vida fue solo balonmano. Horarios estrictos, entrenamientos duros, renuncias personales, presión constante. No habría podido soportar nada de eso si no me hubiera divertido jugando, si no hubiera amado el balonmano por encima de todo. Pregúntate continuamente si te hace feliz lo que haces. Si lo disfrutas al máximo.

Vigila siempre que no hayas perdido el *flow*.

Actitud de guerrero

El balonmano es un deporte de contacto. No puedes salir a medias. Hay que entrar en la pista con todo. Como en la vida. Sin guardarse nada. Con el máximo esfuerzo siempre, apostando todo. Consciente. Renunciando a lo que haga falta. Entregándose al cien por cien.

Juega como si fuera el último partido.

Humildad y resiliencia

En cualquier deporte de élite es esencial reconocer siempre los errores, aprender de ellos para poder corregirlos, buscar la forma de mejorar, de evolucionar. Los éxitos son del equipo, las responsabilidades son personales. Las lesiones me enseñaron que, cuando te caes, te levantas. Que lo que se rompe puede ser tu parte más fuerte una vez que la reparas.

Que resistir y no rendirse convierte cualquier final en un principio.

El final de esta etapa supuso, efectivamente, el comienzo de otra tan diferente que fue casi como aterrizar en otro planeta. Llena de luces, pero también de sombras. Y la antesala del abismo más profundo que, en ese momento, aún no podía imaginar.

TERCERA PARTE
La familia real y el proceso real

Cuéntame todo sobre el caso Nóos…

Aún comparto con Cristina un pequeño apartamento en Bidart, cerca de la zona de Biarritz, donde parte de mi familia ha veraneado muchos años. El verano de 2025 coincidí allí con mi hijo Juan durante unos días en los que estuvimos los dos solos.

Juan, el mayor de nuestros hijos, tiene ya veintiséis años. Estudió Relaciones Internacionales, ha trabajado en varias ONG y en la actualidad reside en Londres, donde es muy feliz, y ejerce su profesión en una empresa que organiza eventos con energías alternativas. Una tarde, mientras hablábamos un poco de esto y de aquello, de repente me dijo:

—Papá, ¿por qué no me cuentas en detalle cómo fue todo lo del caso Nóos?

Me sentí profundamente emocionado. Era la primera vez que me lo pedía, y el primero de mis hijos que lo hacía.

Así transcurrieron aquellos días de verano que pasamos juntos. Largos paseos, charlas pausadas, preguntas curiosas y respuestas sinceras. Le fui contando toda la historia, casi como si fuera una serie por capítulos. Cada día, avanzábamos en un tramo. «Lo dejamos aquí, mañana seguimos…», decíamos.

Juan descubrió muchas cosas que no sabía. Y yo, a pesar de estar narrando la parte más dolorosa de mi vida —la que desgarró a nuestra familia de arriba abajo—, encontré en su interés una forma de alivio inesperado.

Su comprensión, su asombro, su empatía me conmovieron intensamente:

—¿En serio te dijeron eso? Pero ¿por qué no quisieron escucharte?... ¿De verdad enviaron a un emisario para pediros a mamá y a ti que os divorciarais?... Ah, ahora entiendo... Fue esa vez que nos dejasteis esquiando con vuestros amigos, ¿no?... Teníais que estar destrozados, papá... Qué duro debió de ser disimular delante de nosotros...

Esos días fueron un bálsamo para mis viejas heridas. Aunque ya bastante sanadas a base de trabajo interior, de gestión emocional y de tiempo, algunas cicatrices aún escuecen. Aún pican. La escucha adulta de mi hijo ayudó a curarlas todavía un poquito más.

Juan —que, siendo niño, nunca tuvo necesidad de ejercer de hermano mayor— se convirtió, cuando ingresé en prisión, en el principal sostén emocional de su madre y de sus hermanos. Cristina y yo siempre quisimos proteger a nuestros hijos por encima de todo. Ese fue siempre nuestro principal objetivo. Y él, sin que nadie se lo pidiera, fue un pilar firme de ese proyecto familiar.

Como digo, él ha sido el primero de mis hijos que se ha atrevido o que ha encontrado el momento de pedirme esto: conocer la historia de mis propios labios con todo lujo de detalles.

Yo sé que los otros tres también quieren hacerlo, pero todavía no ha surgido la ocasión. Y no dudo que cuando llegue su momento vendrán a pedírmelo.

Quizá este libro los ayude a dar ese paso.

Y yo estaré preparado.

Con la conciencia tranquila y la cabeza muy alta, les explicaré todo lo que me pregunten.

Lo que me dispongo a contar ahora, en estas páginas.

Y también lo que me voy a seguir callando.

Ser tú mismo en un mundo que constantemente intenta cambiarte es el mayor logro.

Ralph Waldo Emerson

Capítulo 6

Una relación entre dos mundos

Se ha contado muchas veces que conocí a Cristina en los Juegos Olímpicos de Atlanta 1996. Y sí, es cierto que coincidimos allí, pero también es cierto que esa historia —tan cinematográfica, tan perfecta para los titulares— no se corresponde del todo con la realidad.

Cristina, como el resto de su familia, acudía a los Juegos Olímpicos para apoyar a los deportistas españoles. Era habitual verlos pasar de una competición a otra, animando desde las gradas y mostrando ese respaldo institucional y personal tan importante para nosotros, los deportistas. Un día asistió a uno de nuestros partidos de balonman, como podía haber asistido su madre, su hermano o cualquier otro miembro de la familia real. Al finalizar el partido, nos acercamos a saludar. Hicimos la típica ronda de pasamanos a las autoridades presentes. Cristina estaba entre ellas. Fue un saludo cordial, educado, rápido. Nada más. Ninguna chispa, ninguna conversación. Un acto oficial.

Pero claro, a la opinión pública, más tarde, cuando salió a la luz nuestra relación, le encantó imaginarlo de otra forma. La idea de un romance olímpico parecía escrita por un guionista de Hollywood:

el deportista de élite y la infanta que se enamoran en medio del mayor evento deportivo del mundo... Es una historia bonita, sí. Pero no fue así.

El verdadero primer encuentro, ese que yo considero el auténtico punto de partida de nuestra historia, llegó unos meses más tarde, en octubre de 1996, en Barcelona. Fue en una cena organizada por exolímpicos tanto de la residencia Blume como de fuera, donde coincidimos los equipos de balonmano, vela, waterpolo y otros deportes.

Cristina acudió invitada por el equipo de vela, en el que tenía un buen grupo de amigos, y fue allí donde realmente nos conocimos. Fue allí donde, por primera vez, cruzamos una conversación de verdad. Donde comenzó todo.

Un plan lanzado al aire

Durante la cena, Cristina estaba sentada justo enfrente de mí. A ambos lados tenía a dos amigas y, como suele pasar en esas comidas largas donde los grupos se mezclan y las conversaciones saltan de un tema a otro, acabamos hablando de todo un poco. Del ambiente olímpico, de nuestros respectivos deportes, de cosas triviales que hoy apenas recuerdo...

Sí que recuerdo que todo fue muy natural, fácil, fluido. Había conexión. Eso sí quedó claro.

Después de la cena, algunos nos fuimos a tomar algo. Ya era tarde, el bar estaba lleno a rebosar, había risas, ruido, música de fondo. Y en medio de todo eso, nosotros seguimos hablando durante todo el rato que estuvimos allí. Me descubrí con ganas de que la conversación no se terminara. Me apetecía conocerla mejor. No sé si fue exactamente en ese momento cuando me enamoré de ella, pero sí supe que quería volver a verla.

Entonces, con toda naturalidad (no sé quién lo dijo primero, juraría que fue cosa de los dos), decidimos quedar otro día:

—¿Qué te parece el martes?

—Sí, perfecto, el martes me va bien. ¿A las nueve y vamos a cenar?

—Claro, ¡genial!

Así, sin más. Un plan lanzado al aire, a altas horas de la noche, en un bar ruidoso y atestado, como una pelota tirada a las gradas.

En esa época había muy pocos móviles, todavía no habían entrado en nuestras vidas de la forma en la que irrumpirían poco tiempo después. La mayoría seguíamos funcionando con el teléfono fijo, y tocaba estar a la hora convenida para recibir la llamada o dejar conectado el contestador. Yo le di el número de mi casa. Pedirle el suyo habría sido pedir el de la Zarzuela, y eso…, la verdad, me abrumó pensarlo, así que no moví ficha. Quedamos así. Que ella me llamaría para confirmar los detalles. Yo esperaría su llamada.

Cuando ya fuimos pareja, muchas veces nos confesamos las dudas que ambos habíamos albergado en esos días. Yo estaba casi seguro de que ella no me llamaría. Ella no creía que yo fuera a aparecer.

Pero los dos cumplimos con nuestra palabra.

El martes por la noche nos fuimos a tomar algo por la zona de Marià Cubí, en Barcelona. Me tranquilizó ver que no llamábamos especialmente la atención. Cristina desprendía tanta sencillez que pasaba desapercibida —suele pasarle— y a mí solo me conocía el reducido mundo del balonmano. Supongo que nos seguían discretamente sus guardaespaldas, pero lo cierto es que aquella noche estaba tan a gusto con ella que ni siquiera los vi.

En ese primer encuentro a solas, comenzamos a charlar con más calma. A conocernos en serio. A descubrirnos.

Si tuviera que elegir una impresión por encima de todas en aquella primera cita es que Cristina me pareció una persona muy bondadosa. Cercana. Alguien que, a pesar del entorno en el que vivía, buscaba tener una vida lo más normal posible. Eso se notaba en cómo hablaba de sus amigos, en la naturalidad con la que se desenvolvía, en la consideración que desprendían todas sus observaciones. Me pareció una mujer muy interesante. Culta, inteligente. Con auténtica elegancia interior. Más adelante descubriría su valentía, su resiliencia, su sentido de la familia, sus valores inquebrantables. Aquella noche pensé que había algo muy genuino en ella. Además, compartíamos sentido del humor. Y enseguida se vio que ambos sentíamos lo mismo, que la conexión que habíamos percibido el día de la cena no había sido un espejismo y que valía le pena explorarla.

A partir de ahí, fuimos quedando. Y comenzó una relación que no fue nada fácil de gestionar.

Una relación clandestina

Teníamos que quedar siempre con sigilo, tomar mil precauciones e idear no pocas estratagemas. Había que esquivar a toda costa a los medios de comunicación. La posibilidad de que nos vieran juntos hacía que salir a cenar fuera una operación, como poco, complicada. Así que muchas veces optábamos por lo sencillo: cenar en casa. En la mía o en la suya —aunque en la suya, en la calle de Eduardo Conde, la discreción era aún más difícil de lograr, pues solía estar más vigilada.

Cristina trabajaba ya en la Fundación "la Caixa", y yo seguía jugando en el Barça, en plena vorágine de competiciones. Lo cotidiano se convirtió en complejo, y eso traía consigo una certeza: desde muy pronto comprendimos que nuestra relación no podía alargarse demasiado tiempo en aquellas condiciones sin tomar una dirección clara. No lo hablamos de inmediato, pero era algo que se sabía aunque no se dijera.

Con el tipo de exposición mediática que rodeaba su figura, lo nuestro tenía un reloj colgando sobre nuestras cabezas. En cuanto la relación saliera a la luz —como sabíamos que tarde o temprano ocurriría—, la presión sería brutal e inmediata. Nos pedirían explicaciones. Nos abrumarían con expectativas. No tendríamos el margen habitual que tienen las parejas para ver si la cosa fluye o no, para tomarse las cosas con calma.

Aun así, durante un tiempo conseguimos mantenerlo en silencio. Nos movíamos con cuidado, buscábamos oportunidades, encontrábamos resquicios. Pero sabíamos que esa cuenta atrás estaba en marcha. Que aquel noviazgo clandestino tenía fecha de caducidad si no le dábamos pronto un rumbo.

Quizá por eso el compromiso fue una posibilidad que, de alguna forma, estuvo sobre la mesa antes de lo habitual en otras parejas. Pero, sorprendentemente, no lo sentíamos como una presión. Era más bien una realidad. Si queríamos darnos una oportunidad, había que asumir que, en nuestro caso, el amor no podía vivirse a escondidas para siempre.

Vivir una relación en secreto tiene algo de emocionante, pero también mucho de incómodo. La clandestinidad puede darle un matiz especial a los primeros encuentros, ese cosquilleo de estar haciendo algo peligroso y prohibido. Pero cuando esa situación se prolonga, empieza a pesar.

Mis amigos no tenían ni idea de lo que estaba pasando. Me decían: «Tío, que no te vemos, ¿qué te pasa?». Y yo no podía explicarles nada. Desaparecía sin dar razones, cancelaba planes, me ausentaba con excusas vagas. No sabían qué pensar. Como anécdota, hubo alguno que se planteó si yo estaba saliendo del armario. En los años noventa, vivir la orientación sexual en la sombra era mucho más habitual que ahora, por desgracia, y mis misteriosas evasivas y mi repentino aislamiento provocaron ciertas suposiciones en algunas cabezas.

Anécdotas aparte, lo cierto es que la situación llegó a provocar tensiones entre mi círculo de amistades. Y para mí era muy duro no poder dar explicaciones.

La única persona a la que confesé lo que me estaba ocurriendo fue mi hermana Ana. Vivía a solo 50 metros de mí y habíamos forjado una relación muy cercana: durante tres años había residido en su casa, y nuestra complicidad era total. Se lo conté y le pedí máxima discreción, no solo porque necesitaba desahogarme, sino también porque nos hacía falta tener una coartada. Su apoyo logístico fue de gran ayuda para nosotros.

Por su parte, Cristina también compartió la situación con algunos amigos muy cercanos, con los que podíamos quedar para cenar sin levantar sospechas. Gracias a ese pequeño círculo de confianza logramos que la relación creciera en medio de tanta presión, sosteniendo un secreto que era hermoso… pero muy exigente.

Un relojero en Vitoria

Al resto de mi familia se lo conté en Navidad, cuando llevaba algo más de dos meses de relación con Cristina. Como primero quería hablar con mis padres, fui a Vitoria unos días antes de las fiestas

—el 22 de diciembre, más o menos—, para evitar el jaleo habitual que se forma en casa cuando estamos todos.

Mis padres ya notaban que algo me pasaba. Me lo dirían después: que ese otoño me habían visto raro, como con la cabeza en otro sitio. No se habían equivocado. Les pedí que se sentaran, que necesitaba hablar con ellos. Y les expliqué la situación. Se quedaron mudos. Con la boca abierta. Literalmente. Mi padre fue el primero en romper el silencio:

—Tú sabes que esto es muy complicado, ¿no?

—Sí, papá —le respondí—. Pero sé lo que siento. No es un capricho. Y quiero intentar sacarlo adelante.

Por supuesto, ambos se alegraron al verme ilusionado, pero tampoco es que mostraran un entusiasmo desbordante. Me parece que estaban en *shock* y que no terminaban de asumir lo que acababa de contarles. Yo solté la bomba... y me tuve que marchar enseguida. En aquellos años, la Copa Asobal se jugaba en temporada navideña, solo se descansaba el 24 y el 25, así que el día 26 ya estaba de vuelta en Barcelona entrenando, y poco después, el 28 o 29, nos fuimos todo el equipo a Santander para disputar el torneo.

Como siempre que les quedaba relativamente cerca, mis padres fueron a verme jugar. Cuando terminó el partido, les comuniqué que no regresaba a casa con ellos.

—Tranquilos, llegaré para Nochevieja, eso seguro, pero antes me voy un par de días con Cristina, para despedir el año juntos aunque sea por anticipado.

Yo creo que, para ellos, esta noticia fue el verdadero golpe de realidad. Entendieron que aquello no era algo pasajero. Que la cosa iba en serio. Que nuestra vida, la de toda la familia, posiblemente no volvería a ser igual.

Así, después del torneo en Santander me fui a Madrid con Cristina y pasamos un par de días en casa de Carlos García Revenga, su secretario personal. Carlos era una figura muy cercana a ella y una persona clave en nuestra historia. Fue el primer miembro de su entorno más «institucional» —y durante mucho tiempo el único— que supo lo nuestro.

Carlos no solo era el secretario personal de las dos infantas, también ejercía un papel mucho más importante: había sido su profesor, y ahora era su persona de confianza, el organizador de sus actos y, en definitiva, un amigo. Aunque, sobre todo, y por lo que a mí me concernía, un filtro humano. Cristina sabía que si quería que aquello siguiera adelante, Carlos tenía que conocerme y, en cierto modo, dar su aprobación. Así que me presentó. Y yo pasé ese filtro. A partir de entonces, Carlos fue quien nos ayudó a encontrar espacios seguros donde poder vernos sin levantar sospechas.

Cristina y yo no podíamos pasar juntos la Nochevieja. Ella debía acudir a Baqueira con su familia, como cada año. Salió de Madrid el mismo día 31 y llegó muy tarde debido a una tormenta de nieve, por lo que casi se pierde la cena. Su familia, acostumbrada a que cada año la que disfrutaba de aquellos días de esquí en la montaña con más entusiasmo era precisamente ella, se sorprendió por su demora. Su hermano Felipe y su hermana Elena le preguntaron por qué había tardado tanto, por qué no había llegado con unos días de antelación…

Y fue entonces cuando Cristina, sin entrar en detalles, y según me contaría más tarde, les dijo una sola frase:

—Es que… hay un relojero en Vitoria.

Nunca me explicó el significado exacto de aquella frase. Supongo que era una especie de código entre hermanos, una forma de comunicarse de la manera reservada que (pronto descubriría) era habitual en muchos aspectos de aquella familia. Pero con eso bastó. Creo que no preguntaron mucho más de momento. Cada uno entendió lo que tenía que entender.

El paso

Después de aquella Navidad, con parte de nuestras familias ya al corriente de la relación, supe que tenía que dar un paso en un sentido u otro. Tenía que tomar una decisión. No podíamos continuar en aquella especie de paréntesis por más tiempo, un paréntesis que cada vez se iba estrechando más; tenía que preguntarme si aquello iba en serio y actuar en consecuencia. Durante un par de meses lo estuve meditando mucho.

En febrero, ya lo tenía claro: estaba enamorado. No había mucho más que pensar. Iba a pedirle que se casara conmigo.

Solo faltaba encontrar el momento adecuado. Con nuestras agendas imposibles y la discreción obligada, organizar algo especial y medianamente romántico era más difícil de lo que parecía. Pero entonces tuvo lugar una coincidencia tan perfecta que parecía orquestada por el destino: me lesioné.

No fue una lesión grave, apenas una molestia que me obligaba a parar unos días. El doctor Gutiérrez, de quien ya he hablado, y que siempre fue mucho más que un médico del equipo, me dijo:

—¿Por qué estás tan agobiado? Esto no es nada. Simplemente no puedes entrenar unos días, así que relájate. Aprovecha para desconectar.

—No es eso, es que… —tomé aire, y lo miré a los ojos— tengo algo que contarte.

Y ahí se lo solté todo. Fue la primera persona del club a quien se lo dije. Le hablé de Cristina, de la relación que llevábamos meses viviendo en secreto y de mi decisión. Le confesé que, aprovechando esa pausa obligada, quería escaparme con ella unos días.

—Habíamos hablado de ir al lago de Garda, ahora puedo aprovechar este parón para llevarla allí… Y voy a pedirle matrimonio. Pero nadie del club tiene que enterarse de dónde estoy.

Él se limitó a sonreír.

—Lárgate. Yo te cubro.

La decisión estaba tomada. Apenas me quedaban dudas. Y si alguna todavía se agitaba en algún recoveco de mi cabeza, se disipó por completo en una cena que tuve justo antes de la escapada al lago de Garda.

Éramos cuatro en la mesa: el doctor Gutiérrez, que ya conocía toda la historia, y mis dos mejores amigos, David Barrufet y Fernando Barbeito. Quise hacerlos partícipes del paso que iba a dar. Habían estado conmigo en cada etapa importante de los últimos años y necesitaba compartir con ellos también esa.

Recuerdo bien el ambiente: alegría, asombro, muchas bromas y también cierta inquietud. Estaban felices por mí, claro, pero también preocupados. Querían saber si era plenamente consciente de lo que estaba a punto de hacer, de todo lo que implicaba un compromiso así.

Y, entonces, el doctor Gutiérrez, con su habitual serenidad, dijo algo que se me quedó grabado:

—Mirad, chicos… Yo sé que vosotros tres estáis muy unidos, que habéis vivido muchas cosas juntos. Pero si hay alguien en este mundo, al menos hasta donde yo conozco, capaz de hacer bien el papel que le va a tocar, ese es Iñaki.

Lo dijo con tanta convicción que nos dejó sorprendidos. Explicó que por los valores con los que me había criado, por mi forma de ser, por cómo me conocía dentro y fuera del balonmano, tenía lo necesario para hacer frente a lo que se me venía encima.

—Tiene la capacidad de estar arriba —añadió—, pero también sabe estar abajo.

Y mirando a mis amigos, remató con algo que me tocó profundamente:

—Y si sufrís porque vais a verlo menos, pensad que el que más va a sufrir eso… es él, porque va a tener que adaptarse a otra realidad, a otras obligaciones, a otros compromisos. Y no podrá hacer siempre lo que quiera hacer.

Aquel pequeño discurso me infundó la última dosis de claridad que necesitaba. Si el Guti —que para mí siempre fue un referente en tantas cosas— creía que yo podía con todo eso, entonces yo también podía creerlo.

Realmente fue aquella cena la que me dio el empujón definitivo para dar el paso sin mirar atrás.

A la vista de mi divorcio, sé que muchas personas se han cuestionado mis verdaderos sentimientos en esta relación, incluso desde un principio, como si veinticinco años de matrimonio pudieran juzgarse simplemente por el desenlace de la historia. Quiero dejar claro que yo me declaré a Cristina muy enamorado, convencido de que era la mujer con la que quería construir un proyecto familiar y pasar el resto de mi vida. Nuestra historia abarca veinticinco años de una relación profunda y sincera que no me veo capaz de describir en un solo libro, y que, seguramente, no quedará suficientemente reflejada en estas páginas. No puedo evitar sentir cierto pudor al hablar de algo que no me pertenece del todo, que es muy nuestro, y que me aterra poner ante el escrutinio público más que cualquier otra cosa. Sé que, diga lo que diga, se pondrá en tela de juicio lo que yo sentía por mi esposa. Pero nosotros sabemos lo que fuimos. Y fuimos todo. Fuimos pareja, fuimos familia, fuimos equipo, fuimos compañeros.

Y aunque ya no estemos juntos, Cristina sigue siendo muchas cosas para mí: es la madre de nuestros cuatro maravillosos hijos, es una parte importantísima de mi vida, es alguien a quien quiero, admiro y respeto. De hecho, ambos seguimos preocupándonos el uno por el otro, nos deseamos lo mejor, intentamos apoyarnos no solo como padres, sino como amigos.

No me casé encandilado por su entorno, como muchos puedan pensar. Obviamente, tampoco voy a negar que un escenario como la realeza, tan distinto a lo que yo había conocido, me resultó fascinante al principio. ¿A quién no? Era un mundo diferente, repleto de personas y acontecimientos que se me antojaban extraordinarios, claro. Pero esa fascinación inicial fue dando paso muy pronto a la comprensión de que las cosas no eran tan idílicas como parecían desde fuera.

Incluso en los tiempos felices, lo cierto es que nunca fue fácil formar parte de esa familia. En aquel entorno, primero iba la institución; después, las personas. Se defendían los intereses institucionales y la imagen antes que los vínculos afectivos. Había comidas y cenas en las que predominaban las conversaciones prácticas, casi políticas, no eran las reuniones familiares a las que yo estaba acostumbrado, y me costaba digerir el pragmatismo, a veces incluso el enconamiento, con el que se trataban ciertos asuntos.

Mi intención desde el principio fue que me consideraran uno de ellos sin dejar de ser yo mismo —un consejo que recibí del mismo rey emérito—, y no me refiero a ser uno de ellos en el plano institucional, por supuesto, sino en el humano, en el familiar. Yo quería pertenecer a esa *familia*, crear vínculos afectivos, de apoyo y comprensión. Lo que se suele hacer en una familia, al menos según la idea en la que yo he sido educado. No lo conseguí. Al final, todo se redujo a intentar encajar como mejor pude.

Y no es lo mismo encajar que pertenecer.

Más adelante tendría que aceptar la dolorosa verdad: que jamás pertenecí a ese círculo familiar del todo. Cuando las cosas se pusieron muy feas, yo me sentí abandonado; sí que conté con el cariño y el apoyo emocional que algunos miembros intentaron darme en la medida de sus posibilidades, entre ellas, doña Sofía y doña Elena (obviamente el apoyo incondicional de Cristina siempre lo tuve), pero... en fin. A todo eso ya llegaremos. No nos adelantemos.

El caso es que cuando fui al lago de Garda, con el pecho henchido de ilusión y un anillo escondido en la maleta, yo lo veía todo de color de rosa.

No voy a contar cómo fue la petición. Es un recuerdo muy íntimo, muy nuestro. Solo diré que fue durante una cena, en un lugar precioso. No me arrodillé, pero me temblaba la mano cuando saqué el anillo. Su rostro fue un poema. No se lo esperaba. Y sí, fue una noche mágica. Uno de los recuerdos más bonitos de mi vida.

Regresamos a España sabiendo que teníamos por delante una cruzada brutal. Nos esperaba una avalancha de preguntas, explicaciones, decisiones, protocolos... Lo que no imaginábamos era que no íbamos a tener ni un solo día de tregua antes de que todo estallara.

Una relación de dominio público

Al regreso del lago de Garda, apenas acababa de entrar en mi casa y de dejar las maletas en el suelo, cuando sonó el teléfono. Era un periodista deportivo con el que tenía cierta confianza. Me lanzó la pregunta de forma directa, sin preámbulos:

—Iñaki, ¿estás saliendo con la infanta?

Me quedé helado. Balbuceé algo, riendo nervioso y fingiendo sorpresa.

—¿Qué dices? ¡Vaya locura! ¿De dónde sacas eso?

Por supuesto, no coló.

Al día siguiente, Antena 3 dio la noticia en su informativo. Ahí se acabó todo. Y empezó todo.

En cuanto la información salió en televisión, se desató la locura. Una oleada mediática como nunca había vivido, la primera de mi vida de esa magnitud (vendrían otras mucho peores años después, con el caso Nóos), me cayó encima. De repente, nuestra historia privada se convirtió en dominio público. De un día para otro pasamos a estar en el foco mediático.

Resultó que justo la misma noche en la que salió la noticia en Antena 3, como si el guion lo hubiera escrito alguien con un sentido del drama bastante peculiar, el equipo tenía una cena en el hotel Princesa Sofía. Estas cenas se organizaban en el comedor de arriba cuando había algún motivo de celebración, no recuerdo el de aquella noche en particular. Pero, desde luego, no fue una cena más.

Cuando llegué al hotel, me encontré con una nube de fotógrafos, cámaras, periodistas que me rodearon al instante y casi no me dejaron acceder. Mis compañeros me miraban sin entender nada. Muchos se habían enterado de la noticia por la tele, otros se estaban enterando en ese momento. Nadie en el vestuario —excepto las tres personas que lo sabían— había imaginado aquello ni de lejos. Ni el entrenador ni el presidente ni el resto de los compañeros. La sorpresa fue mayúscula.

Aquella noche fue el comienzo de una etapa tan emocionante como complicada.

La boda

Llegó el momento de conocer a su familia. En cualquier historia de pareja hay un punto en el que toca dar ese paso: sentarse frente a los suegros, presentarse, responder preguntas, intentar estar a la altura. Ahora bien, en mi caso, ese paso tenía una pequeña dificultad añadida: no se trataba de una familia cualquiera, sino de la familia real española.

Recuerdo perfectamente aquel fin de semana. Viajé a Madrid y el primer encuentro fue con doña Sofía. Cenamos en un restaurante chino, un plan informal. Estábamos Cristina, doña Sofía, Carlos García Revenga, su mujer y yo. Fue una velada amable y cálida.

Al día siguiente, por la noche, fue el turno de conocer a don Juan Carlos. Esta vez, en la Zarzuela, con toda la familia presente. Todos fueron muy amables, aunque no podían ocultar el interés por saber quién era yo: de dónde venía, qué familia tenía, cuántos hermanos, qué cosas me gustaban, cómo era mi día a día.

Me sentí —como es lógico— en el punto de mira. Creo que es algo que le pasa a cualquiera que va a conocer a su futura familia política, pero si esa familia además es una institución, la sensación se multiplica. Entendí que no se trataba solo de conocerme como persona, sino de valorar cómo encajaría yo en un entorno completamente distinto al mío. Lo asumí con naturalidad y de la mejor forma que pude.

Posteriormente, en abril, mis padres fueron invitados a la Zarzuela con nosotros dos para conocer a los reyes eméritos. Cristina ya los había conocido un poco antes, en una agradable cena en casa de mi hermana Ana, donde también estuvo presente Carlos García Revenga.

Mi familia tomó cariño a Cristina desde el primer momento y fue igualmente correspondido. Aunque en algunas ocasiones puede parecer de carácter reservado, en realidad es una de las personas más empáticas y leales que he conocido, y los míos enseguida supieron verlo. De hecho, a día de hoy, sigue teniendo una relación excelente con todos los Urdangarin, especialmente con mis hermanas.

La maquinaria de la boda real se puso en marcha a toda mecha, con lo que eso implicaba: dos agendas que coordinar —la del club y la de la Casa Real—, que a priori parecían irreconciliables. Al final, la fecha elegida fue el 4 de octubre de 1997. No era lo ideal para mí. La temporada ya había empezado y me pillaba en plena actividad. Pero con un poco de voluntad por todas las partes, lo conseguimos. Y nos preparamos para un paso que iba a cambiar nuestras vidas para siempre.

Llegó el gran día. Como cualquier novio, estaba nervioso. Quería que todo saliera bien. Y, sobre todo, quería que mi familia pudiera disfrutar de aquel día. Me preocupaba que se sintieran abrumados por tanta atención, que no pudieran vivirlo con naturalidad. Mi padre lideró mucho esa parte. Estuvo muy pendiente de todo lo relativo a la familia Urdangarin. Él entendía, igual que yo, que aquel era un momento de altísima exposición y que debíamos manejarlo con delicadeza, sin perder de vista quiénes éramos ni de dónde veníamos.

Toda mi familia asistió a la boda. Vinieron también algunos de mis tíos y primos, aunque el número de invitados estaba muy limitado. La mayor parte del aforo se había reservado para autoridades institucionales: presidentes de comunidades autónomas, embajadores, representantes del cuerpo diplomático... Cristina, en aquel momento, tenía un entorno de amistades más amplio, así que yo le presté parte de mis invitaciones. Entre ambos, hicimos lo que pudimos para incluir el máximo de personas importantes para nosotros y, aun así, muchas quedaron fuera. Pero intentamos encontrar otras formas de compensarlas.

Los festejos de la boda duraron tres días. Para preservar cierta intimidad en medio de toda la vorágine, mi familia y yo nos instalamos en una casa en Llavaneras que nos prestó un amigo. Fue un refugio perfecto: un jardín amplio, un entorno sereno, espacio para estar juntos, compartir, prepararnos y digerir tantas emociones. No queríamos exponernos más de lo necesario. En aquella burbuja familiar nos sentimos protegidos y muy unidos.

Los tres días siguientes fueron un auténtico carrusel de emociones, con una intensidad que solo la ilusión y la adrenalina permitían sostener. La primera noche, el 2 de octubre, organizamos una fiesta de despedida en el Hotel Juan Carlos I de Barcelona. Era nuestra forma de compensar a todos aquellos amigos que no habíamos podido invitar a la ceremonia. Esa noche no hubo filtros: amigos de toda la vida junto a los *royals* que ya estaban en Barcelona, invitados y no invitados a la ceremonia... Todos mezclados en un ambiente relajado, feliz.

Al día siguiente, aún con el cansancio en el cuerpo y no poca resaca emocional (y también de la otra), nos tocó asistir a una comida con Jordi Pujol en el Palau de la Generalitat, acompañados por otras autoridades institucionales. Estábamos agotados, sostenidos por la energía del momento y tratando de estar a la altura.

Esa misma noche tuvo lugar uno de los momentos más solemnes y bellos del fin de semana: el baile oficial con las casas reales invitadas, en el Palacio de Albéniz, coronado por un espectáculo de fuegos artificiales sobre las fuentes de Montjuïc. Era un regalo de la ciudad, y el despliegue fue tan majestuoso que convirtió aquella noche en algo verdaderamente irrepetible.

Y, finalmente, el gran día. El 4 de octubre, a las once y media de la mañana, nos casamos en la Catedral de Barcelona. Tras el enlace, recorrimos las calles de la ciudad en coche saludando a quienes se habían acercado a compartir el momento con nosotros. Luego nos dirigimos al Palacio de Pedralbes para el banquete nupcial.

Aunque todo el día fue muy especial, hay un momento que guardo con particular cariño. Cristina y yo habíamos preparado un pequeño plan al margen del protocolo. Durante el pasamanos oficial tras la comida, con decenas y decenas de invitados desfilando para saludarnos, cada vez que veíamos a alguno de nuestros amigos más cercanos, le pedíamos discretamente que se desviara hacia una carpa lateral. Allí, una vez terminó el acto, nos reunimos con ellos para tomar algo, charlar, reír, abrazarnos y, por fin, bajar la guardia. Fue nuestro rato. Solo nuestro.

Ese cierre íntimo, entre risas, copas alzadas y confidencias, fue el broche más humano a un día cargado de simbolismo. Porque por muy solemne que fuera todo, por muchas cámaras, protocolos o miradas del mundo puestas sobre nosotros, aquello era, ante todo, nuestra boda. Y poder terminarla rodeados de quienes realmente nos conocían y nos querían fue lo más bonito de todo.

Dos compromisos

Desde que la noticia de nuestro compromiso se hizo pública, muchas cosas cambiaron en mi relación con el club, aunque no lo esencial: mi compromiso. Compaginar mis responsabilidades como jugador de alto rendimiento con mis nuevas circunstancias institucionales fue, durante los tres años que siguieron, un reto diario.

Aquella etapa, entre 1997 y 2000 (el año en el que me retiré), fue intensa, exigente y profundamente dual. Por un lado, vivía el esplendor deportivo de mi carrera. Por otro, aprendía a moverme en un mundo extraño donde todo lo que hacía era observado con lupa. Lo primero que se vio afectado fue la logística: hubo que blindar los entrenamientos a puerta cerrada, ajustar agendas al milímetro y establecer rutinas nuevas para casi todo. El balonmano era mi prioridad, y así se respetó desde la Casa Real. Como he dicho, mi compromiso con el equipo, con Valero y con el club seguía intacto. Yo entrenaba como siempre, jugaba como siempre... Solo que ahora, a mi lado, siempre había escoltas.

La presencia de seguridad en mi día a día fue una de las primeras alteraciones de mi realidad habitual. La espontaneidad se volvió un lujo que ya no podía permitirme. Decidir si iba a correr o ver a un amigo requería ahora coordinación, aviso previo, planificación. Todo debía ser comunicado, gestionado y validado. No era solo yo el que se movía: se movía un pequeño dispositivo que velaba por mi seguridad. Y eso, aunque a veces pesaba, lo entendía. Aquellas personas eran profesionales impecables que nunca buscaron incomodar, sino facilitarme la vida dentro de una situación inevitable. Con el paso del tiempo, algunos de ellos llegaron a formar parte de mi círculo de buenos amigos.

Mientras tanto, el equipo seguía siendo una máquina de ganar. El Dream Team del balonmano español estaba en plena forma, y el nivel de exigencia era absoluto. Valero Rivera sabía que gestionar la irrupción de mi figura en la esfera pública requería equilibrio y nunca permitió que aquello descentrase al grupo. «Aquí estamos a lo que estamos», dejó claro. Pero aun así, íbamos a jugar a cualquier ciudad y aquello era una locura. En las grandes capitales, aún podía disimularse algo. Pero el balonmano se juega casi siempre en ciudades pequeñas, donde la expectación era mucho mayor. La atención mediática no solo era una presión para mí, sino también para el equipo, que tuvo que aprender a vivir con cámaras, artículos y especulaciones constantes.

Yo hice lo imposible para que mi vida más pública no interfiriese en mi rendimiento. Y aunque hubo voces externas que cuestionaron si aquel cambio de estatus social podía afectar mi juego, lo cierto es que no fue así. En la pista, seguía siendo el mismo. Y fuera de ella, intentaba cumplir con mis nuevas responsabilidades sin traicionar al profesional que se debe a su equipo.

Había momentos, claro, en los que la agenda institucional apretaba y había que estar presente en ciertos actos. En esos casos, tratábamos de encajarlos en los espacios libres del calendario deportivo. La prioridad estaba clara. Y en ese sentido, debo decir que desde la Casa Real siempre se respetó.

Durante esos tres últimos años en el Barça, mi relación con Valero Rivera pasó por un delicado bache. Al principio, y durante algo más de un año, estuvo preocupado, y puedo entenderlo. Veía peligrar su proyecto, aquel equipo que había construido pieza a pieza durante tanto tiempo. De pronto, sin haberlo buscado, yo me había convertido en un foco de atención que escapaba de lo estrictamente deportivo. Y es lógico que él, quien siempre había defendido la importancia del grupo por encima del individuo, pudiera ver eso como un elemento desestabilizador. «¿Y si este ruido externo me desconcentra el vestuario? ¿Y si Iñaki pierde el foco? ¿Y si ya no controlo la narrativa del equipo?».

Por no hablar del dolor de cabeza que era para él cuadrar agendas, aunque, como he dicho, la Casa Real pusiera todas las facilidades. Recuerdo cómo le molestaban las llamadas o visitas de Carlos García Revenga, por muy respetuoso que este fuera.

Algunos compañeros, especialmente aquellos con los que no tenía una relación tan cercana, también se vieron atrapados en ese clima de sospecha y juicio. Lo entiendo. En un vestuario nunca todo es perfecto. Hay egos, afinidades, tensiones, ya lo hemos hablado. Y mi situación añadía una capa de complejidad que no habíamos vivido antes.

Pero, poco a poco, con el tiempo, las aguas volvieron a su cauce. Valero, al percibir que yo no quería ser el foco de atención sino hacer mi trabajo lo mejor posible, empezó a ver que yo no era un elemento desestabilizador, sino un jugador comprometido con el proyecto, como siempre, con ganas de seguir, de rendir, de aportar. Y, además, también terminó por comprender el eco positivo que todo ello trajo consigo: los estadios llenos, la visibilidad del balonmano, los reyes en la final de la Champions. Eran cosas que, al final, sumaban.

Llegó un punto en que la tensión se disipó. La relación con Valero se volvió otra vez fluida, profesional y respetuosa. Volvimos a remar en la misma dirección. Y así, en ese clima ya más sereno, me acerqué a él un día y le dije que me retiraba.

El adiós a una era

La decisión estaba tomada. Y lo hablé primero con Valero, como debía ser. Me escuchó con respeto, pero también con algo de enfado. Era inevitable

—Me estás haciendo una faena, Iñaki —me dijo—. Yo contaba contigo, al menos, un año más. Ahora tengo que mover fichas, reorganizar todo el proyecto.

Tenía razón. Mi salida no era inocua. Yo era una pieza importante que se retiraba de un engranaje en pleno rendimiento, y eso tenía consecuencias. Pero fui honesto con él. Y lo tenía muy claro. Ya lo he explicado antes, yo funciono por ciclos olímpicos. Y otro ciclo más, el cuarto de mi vida deportiva..., no me veía.

Así se lo dije a Valero; le expuse también las otras razones, que de hecho él ya conocía muy bien: mi edad, mi proyecto de familia, mi otra agenda, mis estudios en ESADE —me faltaba un año para terminar el MBA—, la lesión de mi hombro izquierdo...

Le hablé con la tranquilidad de quien sabe que ya ha cerrado una etapa y su cabeza ya está diseñando los planos de su nueva vida. Y él lo entendió, al igual que el club. Lo aceptaron con elegancia, todo fue extraordinario. Sin reproches, sin puertas cerradas.

Mi retirada se hizo efectiva después de los Juegos Olímpicos de Sídney, en el año 2000, donde ganamos el bronce. Ya he contado la locura que fue aquel año. Lo ganamos todo, cerramos la temporada con un pleno histórico y yo pude decir adiós desde lo más alto.

Cerré mi etapa deportiva y me despedí del lugar donde había sido más feliz, en el punto exacto en el que todo brillaba con más fuerza. Me retiré con gratitud, orgullo y el corazón lleno.

Me fui con la sensación de haber recibido muchas cosas del deporte, pero también de haber aportado mucho valor. Y esa es una de las mejores sensaciones que una persona puede tener en la vida. La de ser valiosa. Ser útil. Devolver tanto o más de lo que se recibe. Impactar en su entorno de forma positiva, tocar el corazón de las personas que lo rodean, dejar cualquier lugar un poco mejor de lo que lo encontró.

Una sensación que echaría mucho de menos en los años venideros.

Capítulo 7

Obispo antes que fraile

Después de colgar definitivamente la camiseta del Barça, decidí volcarme de lleno en mi nueva etapa profesional. Terminé el MBA que había comenzado en ESADE y, poco después, comencé a trabajar en Esedos, una empresa de marketing deportivo que acababa de asociarse con una multinacional inglesa, Octagon, pasando a llamarse Octagon-Esedos

Entré como director de planificación y desarrollo, y desde el principio desempeñé un papel dual: por un lado, colaboraba con otro de sus socios, Motorpress Ibérica, una editorial madrileña especializada en publicaciones deportivas, concretamente del mundo del motor; por otro, trabajaba en el desarrollo comercial y estratégico de Octagon-Esedos, más centrada en la gestión de eventos deportivos y representación de deportistas. Ambas empresas contaban conmigo a nivel ejecutivo, y yo dividía mi tiempo entre sus dos CEO.

Es importante señalarlo: yo no entré por la base, como cualquier joven recién incorporado al mundo laboral. Entré directamente por arriba. Y era consciente de que ello me alejaba peligrosamente del conocimiento práctico de cómo funcionaba una empresa desde dentro.

Mi valor, para mis jefes, estaba claro: venía del deporte de élite, conocía bien los entresijos del olimpismo, de las federaciones, de los clubes. Había estado dentro del juego. Y, además, contaba con algo que en el mundo empresarial tenía un peso incuestionable: una agenda poderosa y una posición pública que podía abrir muchas puertas. Mi rol consistía en tareas de visibilidad, asesoría de alto nivel, interlocución con empresas, instituciones o clubes deportivos. A veces, se me pedía consejo estratégico; otras, simplemente que abriera una puerta. Pero no llegué a comprender en profundidad el entramado técnico de muchas de las tareas que llevaba a cabo.

Yo, sin embargo, tenía muchas ganas de aprender de verdad. No solo dar mi opinión o prestar mi imagen. Quería comprender cómo funcionaban los procesos, los flujos, la mecánica interna del trabajo de una empresa. Lo pedí. Muchas veces. Solicité entrar en proyectos desde abajo, formarme como lo haría cualquier otro profesional. Pero mi entorno no lo consideraba necesario. Con el tiempo, entendí que eso fue un gran error. Y, como se verá más adelante, algo que no ayudó, precisamente, a evitar mi caída.

Por supuesto, tenía una formación académica. Mi título universitario y un MBA en ESADE me daban cierta base. Pero como cualquier persona que tiene cualquier tipo de estudios sabe muy bien, nada reemplaza la práctica, la experiencia diaria, aprender en las trincheras del oficio. Y yo nunca pasé por ahí.

No quiero victimizarme. Mi inquietud era sincera y persistente, yo veía que mi día a día me alejaba cada vez más de la posibilidad de aprender... Pero, de alguna forma, consentí esa situación. Y, por lo tanto, debo aceptar esta responsabilidad. Quizá pensaba que más adelante llegaría el momento, que ya habría tiempo.

Pero lo cierto es que, sin darme cuenta, estaba empezando a dejar de lado valores esenciales en mí y, lo más importante, olvidando una máxima que me había acompañado desde siempre, desde el ejemplo de mi padre, a través de mi paso por el deporte: «Antes que obispo, hay que ser fraile».

Creando valor empresarial

Al cabo de un tiempo, y en mi afán por entender bien los entresijos empresariales de mis tareas, viajé a Londres durante una semana para observar cómo funcionaba el departamento de consultoría deportiva de Octagon. Allí descubrí un enfoque sobre el mundo del patrocinio que me inspiró profundamente. Regresé entusiasmado, con la intención de evolucionar hacia ese nuevo enfoque con las cuentas de la filial española, Esedos.

Una de las actividades de Octagon-Esedos era buscar patrocinadores para eventos deportivos. Si se organizaba, por ejemplo, una carrera de coches, se hablaba con un posible patrocinador —pongamos, por ejemplo, la marca Z— y se gestionaban todos los detalles con su departamento de marketing: presencia de marca, visibilidad en el circuito, producción, logística. Era una dinámica muy orientada a un objetivo muy concreto: la implementación de la marca en el evento.

Pero el nuevo ángulo que yo tenía intención de proponer era el siguiente: ¿y si en vez de hablar con el departamento de marketing —que se encargaba de la implementación y el retorno— lo hacíamos directamente con la dirección de la empresa? ¿Y si, en lugar de buscar simplemente un *match* entre un evento y un patrocinador, analizábamos a fondo los valores, la estrategia, los mercados de esa empresa Z, su propósito, su visión, y a partir de ahí la ayudáramos a definir en qué eventos tendría más sentido que invirtiera sus presupuestos?

No era ya un tema solo de marketing. Era una cuestión de identidad corporativa.

La idea era crear una consultoría que ofreciera a las empresas ese acompañamiento y tratara directamente con los altos ejecutivos (el lugar desde el que se toman las grandes decisiones estratégicas). Una consultoría que cambiase la mirada tradicional del mundo del patrocinio. En vez de pensar solamente en el evento concreto de turno, lo que proponíamos era enfocarse de forma mucho más amplia en alinear la estrategia corporativa y la estrategia de patrocinio, teniendo en cuenta los valores esenciales de la marca en cultura y responsabilidad social.

Como no me veía capaz de llevarlo a cabo solo, contacté con Marcel Planellas, un antiguo profesor mío de política de empresa en ESADE, que me puso en contacto a su vez con el profesor Diego Torres. Le conté el proyecto y enseguida se entusiasmó. Diego era consultor, tenía experiencia y visión estratégica. Para mí, en ese momento, fue una figura de referencia, incluso un mentor.

Diseñamos juntos un plan para crear ese nuevo departamento de consultoría estratégica dentro de Esedos. Lo presentamos. Pero la respuesta fue fría. Más bien, inexistente. La idea, aunque sólida, no encajaba dentro del modelo de negocio de la empresa.

Y lo entendí. En el fondo, había un conflicto de intereses evidente: si Esedos organizaba un evento y buscaba patrocinadores, pero nuestro departamento de consultoría les decía a esos patrocinadores que ese evento no era el adecuado para sus objetivos estratégicos…, mal asunto. No se podía ser juez y parte.

Además, nosotros queríamos hablar con la alta dirección de las empresas sobre proyectos que afectaran directamente a su estrategia corporativa. Mientras que Esedos funcionaba con una lógica más operativa: producción y ejecución. Según mi visión, eran dos planos distintos.

Nuestra propuesta no tenía sitio ahí. Así que tomé una decisión importante. Pensé: «Esto no va a funcionar dentro de esta empresa, pero tal vez pueda funcionar por fuera. Tal vez sea el momento de crear mi propio proyecto».

Y así fue como en el año 2003 decidí dejar Esedos y fundar Nóos Consultoría Estratégica, con Diego como socio. El germen de lo que, con el tiempo, se convertiría en el Instituto Nóos, nació en primera instancia como una herramienta de posicionamiento empresarial, sin ninguna ambición política, dirigida por completo al ámbito de la empresa privada.

Nóos Consultoría Estratégica

Como he dicho, fundé junto a Diego Torres, y con toda la ilusión del mundo, Nóos Consultoría Estratégica. Éramos socios al 50 por ciento. Un proyecto compartido, bien pensado y con una propuesta de valor que, desde el primer momento, sabíamos que era diferente y poderosa.

En ese nuevo enfoque de estrategia de patrocinio que queríamos presentar a las empresas, yo podía aportar mi mayor valor. Por mi situación personal e institucional, tenía acceso directo a los CEO de muchas compañías de distinto tamaño. Me abrían la puerta para escuchar lo que teníamos que ofrecer. Esa posición privilegiada era, sin duda, un activo fundamental en el posicionamiento de nuestra empresa.

Yo me sentía muy seguro con lo que íbamos a plantearles. Era casi el enfoque inverso al habitual. En lugar de decir: «Vengo a buscar patrocinio para tal o cual evento», decíamos: «Vengo a ayudarte a definir una estrategia de patrocinio alineada perfectamente a tu estrategia corporativa con la intención de que obtengas el mayor impacto». Era algo diferente a lo habitual dentro del mundo del patrocinio. Y fue, sin duda, una de las claves de nuestro éxito.

Trabajábamos con pymes y también con empresas del IBEX. Íbamos construyendo equipo poco a poco, y un modelo de negocio sólido y en crecimiento. Nos iba realmente bien. Y yo, por primera vez fuera del deporte, sentía que había encontrado un sitio propio en el mundo profesional.

Sin embargo, aquella vieja inquietud no había desaparecido. Seguía ahí, como una voz suave pero constante que me recordaba que, aunque estaba operando en los más altos niveles, aún no entendía del todo la estructura que sostenía lo que hacíamos.

Era la misma sensación que había tenido en Octagon-Esedos: estar en la punta del iceberg, tomando decisiones importantes, sin haber visto nunca con claridad la base que las sustentaba. Sabía que tenía talento para moverme en las altas esferas, sabía cómo relacionarme, cómo defender una idea, cómo detectar oportunidades. Pero no dejaba de preguntarme: «¿Y si no controlo lo esencial?».

Recuerdo bien una conversación que tuve con Diego. Le dije con toda sinceridad:

—Diego, yo he llegado a este mundo con treinta y dos años. Tú llevas muchos más aquí, conoces las dinámicas, los entresijos. Yo necesito entender lo que hay debajo. Necesito tocar la base, saber cómo funcionan los procesos. No quiero ser solo fachada. Quiero ser útil de verdad.

Le hablaba con la humildad del que viene de otro universo, el deportivo, donde sí lo había controlado todo, donde había empezado desde bien abajo. Yo sí sabía lo que hacía falta para construir un Dream Team desde cero. Pero en la empresa… no tenía esa seguridad.

Diego me respondió con argumentos que no dejaban de ser razonables y, aunque no me convencieron del todo, tampoco supe cómo refutalos.

—Mira, Iñaki, aquí cada uno tiene su especialidad. Tú eres un experto en deporte, conoces ese terreno. Y ese *know how* nos puede ser útil en muchas ocasiones. Y además tienes algo que no se aprende: acceso. Tu valor está ahí. En abrir puertas que otros no podrían ni imaginar. En conectar con las personas adecuadas. Eso es útil. En eso eres bueno. Cada uno tiene que dedicarse a lo que de verdad le corresponde.

Y yo seguí adelante. Me dejé llevar un poco por la dinámica del éxito, confiando que estábamos haciendo las cosas bien. Me daba seguridad comprobar que las empresas quedaban satisfechas con el servicio, ¡todas renovaban! Si solo hubiesen entrado como clientes por ser yo quien era, no habría sido posible fidelizarlos. Pero continuaban con nosotros, y eso debía ser porque las cosas se hacían correctamente. A eso me agarraba en mis momentos de duda.

Pero esa pequeña incomodidad nunca se fue del todo. Y con el tiempo, sería una grieta por la que se colaría una tormenta que no supe ver venir.

Hoy, en esta nueva etapa de mi vida, uno de los principios fundamentales de mi reinvención personal y profesional es, justamente, tener el conocimiento exhaustivo de lo que ocurre en mi entorno.

Saber qué hace cada persona de mi equipo, qué valor aporta y qué valor aporto yo. Entender cada decisión, cada delegación, cada paso. No volver a ceder el mango de mi sartén. Nunca más.

Pero, en aquellos años, no lo hice. Me dejé llevar. Eso sí, quiero dejar algo claro: el trabajo que hacíamos en la consultoría era serio, profesional, riguroso. No era humo, como algunos llegaron a decir. Me rodeé de gente muy preparada, con un nivel académico altísimo, con experiencia, con talento. El equipo que armamos era sólido. Y nuestro enfoque aportaba un valor real a las empresas con las que trabajábamos. Estábamos bien posicionados, bien valorados, y los resultados nos acompañaban.

Y por eso, en medio de ese éxito, jamás se me ocurrió que el siguiente paso fuera entrar en política. No me atraía, no lo necesitaba, no lo buscaba. Ni siquiera lo contemplé como una opción, hasta que alguien me lo pidió como un favor personal.

Y ahí comenzó otra historia.

Un obispo entre políticos

En el año 2004, la ciudad de Valencia acababa de conseguir que la Copa América de Vela —la America's Cup— se celebrara allí en 2007. Fue una noticia recibida con entusiasmo, pero también con muchas dudas por parte de la clase dirigente. La propuesta había sido impulsada por Rita Barberá y Francisco Camps, la alcaldesa de la ciudad y el presidente de la Generalitat Valenciana, convencidos de que ese gran evento internacional se traduciría en una proyección inédita para Valencia y su comunidad. Pero lo cierto es que, más allá del titular y del entusiasmo político, no tenían un plan claro de cómo optimizar realmente aquella oportunidad.

Yo tuve las primeras noticias de ese escenario durante una cena familiar en la Zarzuela, donde se habló del tema. Valencia había sido escogida como sede, sí, pero la organización del evento pertenecía a una empresa privada, por lo tanto, los derechos de televisión, los beneficios reales, todo eso se lo llevaría la empresa gestora, no la ciudad. Valencia sería solo una sede. Un escaparate, sí... pero desaprovechado si no sabían cómo encontrar un retorno positivo para la Comunidad Valenciana. Fue entonces cuando el rey emérito se dirigió directamente a mí para preguntarme:

—Iñaki, ¿tú crees que podrías ayudarlos con esto? Quizá podrías aconsejarlos sobre qué hacer...

Lo pensé un momento y le dije que sí, que quizá podríamos ayudar... Al fin y al cabo, era lo que estábamos haciendo con las empresas: estudiar sus necesidades, diseñar planes de patrocinio ajustados a su imagen, generar valor.

—Déjeme hablar con Diego y lo vemos —le dije.

Sabía que la vela era una pasión personal para el rey. Que tenía un interés especial en que ese evento tan importante llegara a España y en que su impacto fuera verdaderamente positivo para el país en general y para la Comunidad Valenciana en particular.

Y así —sin buscarlo, casi sin quererlo— fue como di el primer paso hacia un terreno que ya no era privado, ni solo empresarial o deportivo, sino profundamente institucional y político.

Y ese camino no tendría vuelta atrás.

Diego y yo nos pusimos en marcha de inmediato. Para empezar, pusimos a disposición de Rita Barberá y Paco Camps a uno de los abogados que trabajaba con nosotros en la consultora. Su papel era ayudarlos a revisar y cerrar el contrato con la empresa gestora de la

America's Cup, buscando la mejor negociación posible. Pero el problema principal era otro:

—Vale, tenemos el evento… ¿Qué hacemos ahora por la ciudad y por la comunidad? —dijimos.

¿Cómo lograr que un acontecimiento de esa magnitud tuviera un auténtico impacto positivo para la Comunidad Valenciana? Esa fue la pregunta clave, y ahí es donde comenzó verdaderamente nuestra gestión.

Desde el principio entendimos que ese proyecto no se trataba de una simple oferta de servicios, sino que debía implicar, obligatoriamente, generación de conocimiento útil y replicable en el futuro. Había que investigar, crear ideas, dejar un legado. Se trataba de un proyecto con un alcance muy superior al de la consultoría, con necesidades diferentes, y, por lo tanto, precisaba de un enfoque muy distinto al que habíamos tenido hasta ese momento.

Se trataba de especializarnos en un campo en el que el conocimiento estaba esparcido en diferentes áreas y personas. Nosotros debíamos aglutinar ese conocimiento, generar sinergias y conclusiones, ofrecerlas a los interesados y divulgarlas con proyección de futuro. Con esta finalidad nació el Instituto Nóos, como un instituto de investigación aplicada, un contenedor de ideas. Y la Comunidad Valenciana se convirtió en la primera sede de esta reflexión a gran escala sobre cómo los eventos deportivos tienen un impacto en sus territorios. Con la máxima humildad, nos pusimos como objetivo convertirnos en expertos mundiales en esta materia.

¿El hecho de que fuera un instituto de investigación significaba que no podía tener superávit? No, y eso es algo que siempre me ha parecido una confusión interesada. Decir que las asociaciones de interés público, como era el instituto, no pueden generar superávit es una demagogia muy habitual en el discurso popular. Cualquier instituto que contrata a profesionales, que paga por su trabajo, que busca excelencia, debe poder ser económicamente sostenible y retribuir a quienes lo hacen posible.

La cuestión esencial no es si se genera o no superávit, sino con qué propósito se genera y que dicho superávit se reinvierta en el objeto social.

El Instituto Nóos

La nueva estructura del Instituto Nóos era mucho más compleja que la de Nóos Consultoría Estratégica. Y todo se volvió, por supuesto, mucho más complicado.

Hasta entonces, habíamos trabajado con empresas privadas, donde el trato era claro, directo: presentabas una propuesta, la negociabas y te la aprobaban o no. Punto. Pero entrar en el ámbito institucional, en las administraciones públicas, era otro mundo. El equipo entero comenzó a trabajar bajo una presión desconocida.

La gestión se convirtió en un laberinto. Ahora había que saber en qué fundación o asociación se tramitaba esto o aquello, qué órgano lo aprobaba, qué plazos, qué requisitos, qué mesa lo evaluaba. Y si ya en el mundo empresarial yo sentía que había muchas cosas que se me escapaban, en ese nuevo contexto la sensación era abrumadora. Pero nos pusimos a fondo para hacer las cosas bien. Yo confiaba en mi equipo, sabía la seriedad con la que trabajábamos y, al final, entendí que una figura como la mía era necesaria en toda estructura: el presidente. El que firmaba todas las cartas de los académicos a los que queríamos invitar, las solicitudes a la administración, el que iba a las reuniones para dar explicaciones sobre el proyecto… Junto con Diego, yo era la cara visible del instituto.

Más adelante, Jaume Matas declaró en un programa de televisión durante el proceso judicial del caso Nóos que él nunca me vio como un gestor, como un director de proyectos, como el presidente de un instituto con profesionales de primer nivel a sus órdenes. Él me vio como el yerno del rey. Y esa fue su gran confusión. Y uno de los grandes errores de este caso.

Pero ya llegaremos a eso.

Valencia Summit

En definitiva, la creación del Instituto Nóos respondió a un propósito claro: generar un valioso conocimiento a lo largo de tres cumbres para que su sede en esos años, la Comunidad Valenciana, pudiera aplicarlo y obtener así el máximo provecho de un acontecimiento único como era la llegada de la America's Cup de vela. Un evento de esta magnitud podía y debía convertirse en una palanca de transformación para el territorio, y necesitaba de ese conocimiento para lograrlo.

Desde el primer momento tuvimos claro que el impacto real solo se lograría si empezábamos a trabajar antes de que el evento llegara a la ciudad. Solo así los programas y las estrategias de desarrollo y posicionamiento obtendrían su máxima eficacia. Si hubiésemos empezado a trabajar durante o después, todo habría llegado tarde. Por eso, desde Nóos impulsamos la creación del Valencia Summit, una serie de congresos internacionales celebrados en 2004, 2005 y 2006.

Pero el Valencia Summit fue mucho más que un congreso. Fue una plataforma de reflexión, un foro de trabajo de altísimo nivel enfocado en dos grandes ejes, grandes eventos deportivos y territorio, y se desarrolló a través de tres principales ámbitos: las empresas patrocinadoras de eventos, las instituciones que los acogían y el instituto como generador de conocimiento alrededor de estos eventos.

Contamos con la participación de expertos de talla mundial, procedentes de universidades, empresas e instituciones líderes. Del mundo académico, entre otros, vinieron Kimio Kase, del IESE; George Karlis, de la Universidad de Ottawa; Giovanni Cutolo, del Instituto Politécnico de Milán; Klaus Heinemann, de la Universidad de Hamburgo; Bjorn Walliser, del IAN Nancy, o Tony Meenaghan, del University College de Dublín, uno de los gurús mundiales en patrocinio.

Dentro del colectivo empresarial, contamos con directivos de importantes corporaciones, como Mark Branson (UBS), Philippe Kalmbach (Kodak-Pathé), Stuart Priestley (Emirates Airline), Patrick Simeons (Mastercard Europe), Ralf Claes (Continental AG), João Filipe de Espírito Santo (Banca Espírito Santo), Christian Rätsch (T-Systems), entre otros muchos.

Asistieron representantes de las principales consultoras internacionales o de las organizaciones deportivas. La cumbre del 2005, por ejemplo, contó, entre otros, con Juan Antonio Samaranch, presidente de honor del Comité Olímpico Internacional; Fedor Radmann, vicepresidente ejecutivo del comité organizador de la Copa Mundial de Futbol de Alemania 2006; Michael Payne, director de marketing de la Fórmula 1, o Xavier González, director general del Comité Paralímpico Internacional. Además de la presencia de múltiples deportistas de élite de talla mundial.

Son tantas las personalidades de alto valor que vinieron durante las tres ediciones, que no me es posible enumerarlas a todas.

Y todos ellos compartieron ideas, conocimientos y propuestas para ayudar a Valencia no solo a gestionar con excelencia la America's Cup, sino también a proyectarse internacionalmente como un referente en el ámbito del turismo deportivo.

Durante esos tres años de trabajo intenso, se sembraron ideas, se generó conocimiento y se plantearon estrategias a largo plazo para que Valencia pudiera mantener y multiplicar el impacto de la Copa de América más allá del evento en sí.

Cada edición del Valencia Summit duraba tres días, sí. Algo en lo que se incidió mucho por parte de la prensa más crítica y durante el mismo proceso judicial, como ya veremos, para poner en duda la proporcionalidad de los presupuestos asignados a «tan pocos días». Pero cada uno de esos congresos representaba un año entero de trabajo intenso, algo evidente para cualquiera que haya organizado un evento de esa envergadura.

Organizar un evento de este calibre no es cuestión de alquilar una sala y repartir acreditaciones. Hay que seleccionar a los mejores ponentes del mundo, mantener reuniones con cada uno para encajar su experiencia con los objetivos estratégicos del foro, coordinar el enfoque de sus intervenciones, calendarizar encuentros entre sectores, gestionar la logística internacional de sus viajes y estancias, trabajar los contenidos de los foros, alinear intereses públicos y privados, publicar libros y estudios sobre la materia y asegurar que todo —todo— tenga el mayor impacto para la sede.

El Summit no era un simple desfile de discursos, era un laboratorio de ideas aplicado con una metodología de trabajo muy rigurosa. La interacción entre sus tres grandes ejes —las empresas, las instituciones públicas y los propietarios de los eventos deportivos— generaba una química poderosa de la que salían propuestas concretas. Y lo que es más importante: esas propuestas se trabajaban sobre el terreno.

Nosotros no solo reuníamos a esas eminencias del deporte y la gestión internacional: las hacíamos trabajar codo con codo con las instituciones locales de la comunidad. Les pedíamos que escucharan sus planes, los analizaran y ofrecieran recomendaciones prácticas basadas en su experiencia en eventos masivos como los Juegos Olímpicos o los mundiales de fútbol. En definitiva, cada cumbre ofrecía a estas instituciones una consultoría personalizada de alto nivel.

Lo que el Instituto Nóos entregaba al final de ese proceso era mucho más que un evento: eran proyectos completos, con informes detallados que incluían análisis, diagnósticos y propuestas claras. Pero esos informes también fueron ridiculizados años más tarde, como si el conocimiento de expertos de Harvard, de los Juegos Olímpicos o de los grandes campeonatos mundiales pudiera evaluarse al peso, por el número de páginas o palabras escritas.

Y, sin embargo, lo que es incuestionable es que el resultado fue extraordinario. La America's Cup fue un éxito rotundo. Y gran parte de los proyectos en deporte y turismo que han hecho crecer a la ciudad desde entonces nacieron en esos tres Valencia Summit, en ese contenedor de ideas que entre todos construimos.

Por supuesto, un trabajo así no podía pasar desapercibido. Otras comunidades autónomas, incluso ciudades internacionales, empezaron a mostrar interés en replicar la experiencia. Una de esas comunidades fue las Islas Baleares.

Illes Balears Forum

El entonces director general de deportes del Govern de les Illes Balears, José Luis Ballester, también medallista olímpico, conocido como Pepote, se me acercó entusiasmado tras su intervención como ponente en una de las cumbres: «Ostras, Iñaki, esto me ha gustado mucho. Yo quiero algo parecido en Baleares».

A través de su recomendación, desde el entorno de Jaume Matas, que acababa de asumir la presidencia del Govern de les Illes Balears, se nos pidió estudiar la posibilidad de hacer algo similar en Palma de Mallorca.

Lo primero que les explicamos es que el Valencia Summit estaba diseñado como un ciclo cerrado de tres años, vinculado estratégicamente a la llegada de la America's Cup, y que su sede exclusiva era Valencia. No podíamos repetir ese mismo formato en otro territorio. Pero sí podíamos hacer algo igualmente potente y específico, pensado desde cero para responder a las necesidades concretas de las Baleares.

El mayor reto estructural del archipiélago era combatir la estacionalidad de su turismo. Baleares disfrutaba de una temporada alta entre junio y septiembre, pero a pesar de contar con un clima y una posición geográfica privilegiadas, el resto del año los hoteles y servicios turísticos bajaban la persiana.

Al estudiar este desafío, y fruto de una reflexión profunda por parte de los miembros del Instituto Nóos, surgió el objetivo de nuestro siguiente estudio: ¿cómo desestacionalizar el turismo a través del deporte?

El Instituto Nóos propuso este estudio, y Palma se postuló como sede del mismo, y así fue como nació el Illes Balears Forum.

Con ese eje temático comenzamos a trabajar. Pusimos en marcha nuestra red de expertos, académicos y profesionales de primer nivel en turismo, deporte, planificación territorial y desarrollo sostenible. Diseñamos el proyecto desde el conocimiento, y Baleares decidió contratar la sede del foro durante tres años, aunque finalmente solo se realizaron dos ediciones, en 2005 y 2006.

Cada edición consistía en tres días de congresos, eventos y espacios de reflexión, pero, al igual que el Summit de Valencia, el verdadero trabajo duraba un año entero.

El resultado fue otro evento de altísima calidad, con invitados de talla internacional, al igual que en Valencia. Obtuvimos el sello del Comité Olímpico Internacional y la OMT (Organización Internacional de Turismo). El foro dejó ideas, agenda, contactos, planes e inspiración. Tanto es así que uno de los invitados internacionales replicó posteriormente el modelo en México, donde se llevó a cabo un foro calcado al nuestro en Palma. No en vano, nuestro diseño estaba inspirado en la cumbre de Davos, organizada por el World Economic Forum con sede en Ginebra, el prestigioso congreso que estudia la economía y el entorno geopolítico mundial. Diego y yo habíamos viajado previamente a ese foro para estudiar su estructura y adaptamos su modelo a una escala temática más concreta, pero con el mismo rigor, vocación de legado y ambición transformadora.

Tanto el Valencia Summit como el Illes Balears Forum fueron proyectos muy motivadores. Recuerdo aquella época con enorme emoción porque el Instituto Nóos significó mucho para mí. Sentía que habíamos creado algo realmente útil. Que estábamos ayudando a los territorios, a sus instituciones y a su tejido empresarial a avanzar. Y eso me satisfacía. Después de mis largos años en el deporte de élite y de mis comienzos empresariales, esta era la etapa en la que me sentía más realizado. No estaba satisfecho de la forma absoluta en la que yo hubiera querido, por las razones de siempre que ya he explicado antes: seguía con el mismo runrún en mi cabeza, echando de menos un conocimiento profundo de las bases que no tenía; pero los resultados eran tan espectaculares, lo que estábamos haciendo era tan intenso en tantos sentidos, que esa preocupación había pasado a ser un murmullo cada vez más tenue dentro de la ruidosa vorágine de actividad y crecimiento que me rodeaba.

Mi desnaturalización

Años después, en la cárcel, cuando ya no había distracciones ni ruido ni excusas, cuando solo había silencio y soledad, comprendí que uno de mis errores fue permitir mi desnaturalización. No sé explicarlo con otra palabra, así es como yo siento lo que me pasó. Me desnaturalicé. Olvidé parte de lo que yo era.

Algunos de mis valores perdieron fuerza, en la vorágine que me rodeaba se me hizo difícil mantener muchos de los comportamientos que me había enseñado el deporte, cambió mi forma de estar en el mundo. De alguna manera, fui cediendo, dejándome llevar, aceptando dinámicas que, si hubiera sido más consciente, nunca debería haber aceptado.

Yo era el presidente de una organización que había firmado contratos sólidos por tres años con dos comunidades autónomas, con un equipo muy profesional detrás y resultados tangibles que avalaban nuestra actividad. Por lo tanto, era lógico que mis ingresos estuvieran garantizados durante ese tiempo.

Ahora bien, el verdadero problema es que aquella bonanza económica empezó a generar en mí unas necesidades y aspiraciones que hoy, con la distancia, me cuesta reconocer como mías. Pero lo fueron. Y tengo que reconocerlo con honestidad, nadie me las impuso, porque si de algo sirve todo este viaje es para aceptar los errores y aprender de ellos.

Fue en esa época cuando decidimos cambiarnos de casa. Teníamos tres hijos —el pequeño Miguel ya había nacido, más tarde llegaría Irene, en el año 2005—, y el piso se nos quedaba pequeño. O al menos, eso creímos. Incluso el rey, en broma, nos decía: «Ahí no cabéis, chico». Así que compramos una casa nueva. Una casa grande. Una casa que la prensa bautizó como «el Palacete de Pedralbes», con toda la connotación negativa que esa palabra podía tener para nuestra imagen, aunque no era un palacete, por supuesto, sino una casa adosada. Eso sí, grande. Demasiado grande. El Iñaki de hoy jamás la compraría. Pero, en según qué circunstancias, es fácil perder la perspectiva.

Teníamos buenos ingresos. Las tasaciones eran disparatadas. Los tipos de interés, bajos. Todo el mundo nos animaba a hacerlo. Y nosotros también queríamos pensar que era una casa para toda la vida, para nuestros hijos, para cuando nosotros ya no estuviéramos…

Más tarde entendí que era un nivel de ambición que había normalizado sin darme cuenta. No lo digo con victimismo. Lo digo tras haber hecho un examen de conciencia. Me dejé llevar. Tenía las herramientas para haberlo evitado. Y no lo hice.

Recuerdo que, hace poco, uno de mis mejores amigos, que de vez en cuando me acoge en su casa cuando voy a Barcelona, me lo dijo sin rodeos mientras nos tomábamos una cerveza:

—Iñaki, yo creo que nosotros, tu grupo de amigos, no fuimos valientes. No te dijimos lo que tenías que oír.

Eso me hizo pensar mucho. Si las personas más cercanas —por cariño o por miedo a ofenderme— no me dijeron lo que necesitaba escuchar, ¿qué habría pasado si me hubieran hablado de otra manera? Si alguien me hubiese mirado a los ojos en aquel momento y me hubiese preguntado con sinceridad: «¿De verdad necesitas todo esto…?», ¿habría cambiado algo? Quizá sí. O quién sabe. Porque también es cierto que yo había dejado incluso de escucharme a mí mismo. Estaba atrapado, más bien deslumbrado, por un estilo de vida que nunca había sido el mío.

Hoy en día, en mi nueva etapa, tengo grabada a fuego la importancia de la humildad. Siempre, ante todo. No perder la esencia. No perder el centro. Reconocer y cuidar los auténticos valores que te representan. Es lo que intento transmitir siempre a mis hijos, a las personas a las que acompaño desde mi experiencia.

Disfrutar de las alegrías sencillas, del control absoluto sobre tu propia vida.

Capítulo 8

El caso Nóos

A pesar del éxito profesional del Valencia Summit y del Illes Balears Forum, y de que muchos medios se hicieron eco de su excelencia técnica y del valor aportado a sus territorios, la prensa más crítica no tardó en aparecer. Y lo que al principio eran comentarios aislados, pronto se convirtió en rumores cada vez más insistentes.

Esos primeros ataques procedían, sobre todo, de medios afines a ideologías políticas contrarias a los gobiernos que nos habían contratado. Era, en cierto modo, previsible. Teníamos detrás a ejecutivos del Partido Popular —y en mi caso, además, mi situación como miembro de la Casa Real era especialmente llamativa—, así que, para algunos sectores de la oposición, criticar estos proyectos era una forma más de hacer política.

Como ya he dicho en el capítulo anterior, arraigó en los medios una narrativa demagógica muy fácil de viralizar: «Un millón de euros por tres días», «Consultorías vacías de contenido».

Nadie parecía interesado en entender qué había detrás: años de trabajo, informes rigurosos, impacto real en las ciudades, posicionamiento internacional. Pero un titular es un titular, y cuando mi nombre aparecía junto al de políticos como Jaume Matas o Francisco

Camps —que por aquel entonces también estaban siendo señalados por la justicia por causas completamente ajenas a la nuestra—, el ruido mediático aumentaba de forma exponencial.

Fue entonces cuando la Casa Real habló conmigo. José Manuel Romero, abogado del rey (todas las comunicaciones oficiales —y en esa familia casi todas lo eran— se hacían por ese medio), me dijo con firmeza que había inquietud. Yo intenté explicarles que todo era legal, que los contratos eran correctos, que los proyectos valían exactamente lo que se gastó. Insistí en que podía demostrar las cosas, aclarar las dudas ante quien hiciera falta. Pero no hubo voluntad de escuchar para entender.

Para la Casa Real, el desgaste reputacional era (y es) su mayor preocupación. Ellos no querían estar en medio de ningún fuego cruzado, ni político ni mediático. Estaban bajo presión. Y mi versión no importaba. La consigna fue clara: hay que cortar por lo sano.

Y me pidieron que diera un paso al lado. Que dejara el Instituto Nóos.

Quitarme del medio fue, para ellos, la solución más eficaz: si me apartaban, si me desvinculaban de los focos, si dejaba de aparecer en titulares, todo se calmaría. Todo estaría bajo control.

Decidieron aplicar un cordón sanitario. Pero no funcionó. Porque, en el fondo, yo no era el objetivo.

Yo era el eslabón más débil. La pieza más fácil de atacar.

Porque lo que algunos buscaban era mucho más.

No querían caza menor. Querían caza mayor, como decía Mario, mi abogado.

Incluso años más tarde, cuando ya estaba fuera del Instituto Nóos y completamente apartado de la Casa Real, cuando fui juzgado y condenado, las críticas no se detuvieron. Al contrario, subieron de nivel. El objetivo no era solo Iñaki Urdangarin, como se ha visto luego por los acontecimientos más recientes.

En aquel momento, pensar que mi salida o mi silencio iban a frenar la sed de escándalo de un sector de la política y de la sociedad fue una ingenuidad o, si se quiere, un movimiento mal calculado.

Desde mi punto de vista, no hubo una lectura estratégica de lo que estaba sucediendo. Solo miedo. Solo reflejos cortoplacistas para contener la hemorragia mediática.

Pero esa hemorragia no se detuvo.

Quiero aclarar que no creo que ser rey o príncipe sea algo fácil. Ni mucho menos. En aquellos momentos, fueron muchas las personas que presionaron a la Corona desde distintos frentes y por diversos motivos, la mayoría interesados. Y, en medio de ese fuego cruzado de tantas opiniones y criterios, tomar una decisión correcta y justa, en una situación en la que está implicada una persona cercana, y que contente a todos, entiendo que es prácticamente imposible.

Los funcionarios hicieron su trabajo y convencieron al rey de cuál era el camino más conveniente para la institución. En mi humilde opinión, creo que se habrían podido considerar otros. Creo que se actuó con miedo y precipitación. Desde luego, fue una decisión que pasaba como un tanque por encima de mí. Pero, sobre todo, lo que me resultó más doloroso de asimilar, y no digamos para Cristina, fue la postura familiar desde un punto de vista humano. Nuestra idea de la familia era la de un vínculo que acoge, cuida, defiende... Y a nosotros nos faltó eso, no por parte de todos los miembros, eso es cierto, pero sí en gran medida.

En definitiva, y bajo mi criterio, diría que no supieron actuar como una institución serena, valiente y reflexiva.

Pero lo que más tristeza me causó es que no supieron actuar como familia.

Encajar o pertenecer

Así que en marzo del 2006 dejé, obligado, el Instituto Nóos, al frente del cual se quedaba mi exsocio, Diego Torres.

¿Cómo me sentí?

Confundido. Enfadado. Impotente. Dolido. En esos momentos, sentí que no confiaban en mí, que mis opiniones no contaban, que no era una parte que hubiera que tomar en cuenta en la solución de aquel problema.

Fue un golpe brutal. Difícil de digerir.

Lo único que era capaz de decir era: «Escuchadme, por favor. De verdad, escuchadme». Mario, mi abogado, se empeñó en ofrecer argumentos de peso que defendían mi postura. Yo estaba orgullosísimo de lo que habíamos construido. El Instituto Nóos era algo más que un proyecto profesional, había puesto el corazón en aquello. Un equipo de treinta y cinco o cuarenta personas trabajando con rigor, generando conocimiento, creando impacto real en deporte, turismo, formación...

Un proyecto con sentido. Con propósito. Una aspiración en la que de verdad había encontrado un rumbo profesional que «después del deporte» me llenaba.

Pero era como clamar en el desierto.

No se trataba solo de un caso judicial, se trataba de política, de alta política, me dijeron.

Y me lo arrebataron todo. De un plumazo.

Sin darle importancia. Como si no significara nada. Me dijeron: «Ponte a un lado».

Y eso me mató. Me mataron.

Porque, a partir de ese momento, yo ya no era nadie.

Y si a mí me dolió... es fácil imaginar el daño que le hizo a la que entonces era mi mujer. Cristina sabía cuánto significaba para mí ese proyecto. Lo había visto nacer conmigo, había seguido cada paso. Me creía, por supuesto. Ponía la mano en el fuego por mí. Intentó defenderme. Intentó que me escucharan. Pero tampoco la hicieron caso.

Eso fue devastador.

Yo no me sentía apoyado por parte de esa familia. Sin embargo, ella llevaba ese apellido. Ella era de su sangre. Y su dolor fue incomparable al mío.

Ahora bien, el impacto no fue solo emocional, claro. También fue económico. Y muy serio. Como ya he contado, habíamos tomado decisiones familiares apoyándonos en la estabilidad que nos ofrecía el Instituto Nóos y el trabajo de Cristina. Nos habíamos comprado una casa más grande, nuestros gastos se habían incrementado considerablemente... y todo estaba calculado en función de los ingresos que generaría mi trabajo al frente del instituto.

Cuando me apartan de un día para otro, todo se desmorona. Todos esos ingresos desaparecen y nos quedamos solo con el sueldo de Cristina. Y, con ellos, la seguridad que habíamos construido. Y entonces me vi ahí, con cuatro hijos, una hipoteca importante y un estilo de vida que ya no podíamos sostener. Y me entró el pánico. Porque lo primero que pensé fue: «Esto es una locura. No lo vamos a lograr. No vamos a poder sostener esto».

La solución que me propusieron fue entrar en algunos consejos de administración. El más relevante fue el de Telefónica.

Muchos dijeron que aquel era un puesto «florero», y entiendo que pueda parecerlo. Porque en empresas de ese tamaño, el cargo de consejero no siempre tiene funciones ejecutivas directas. Es una figura que se implica en la medida que quiere implicarse.

Y la verdad es que yo, tal como soy, me impliqué todo lo que pude y participé activamente en las comisiones donde me nombraron. En especial, me ilusionó trabajar en un programa que impulsamos sobre «generaciones interactivas», que investigaba el impacto de las nuevas tecnologías en los jóvenes. Como padre, como deportista, como ciudadano, me sentí muy conectado con ese proyecto. Otra comisión que presidí y en la que me impliqué con especial entusiasmo fue la de asuntos públicos de Latinoamérica, comisión que velaba por los diferentes intereses de la compañía en cada país de la región.

Pero a pesar de los distintos proyectos en los que intentaba dar todo y poner todo, ya nada era igual. Sentía que había perdido valor como profesional. Dentro de mí, esa sensación de tener un propósito valioso, que Nóos me había proporcionado, ya no estaba.

Aun así, cumplí con mis obligaciones e intenté ser útil. De hecho, durante el juicio, cuando mi vida entera fue escrutada hasta el más mínimo detalle —como si yo fuera un criminal de dilatada carrera, una especie de Al Capone nacional—, las personas con las que trabajé durante esos años no dudaron en salir a defenderme. Mi jefe en Telefónica, José María Álvarez-Pallete, que luego sería presidente de la compañía, declaró que mi actuación profesional siempre había sido seria, comprometida y extraordinaria. Lo mismo atestiguaron otras compañías, empresarios, colegas e incluso el club de balonmano al que había entregado mi alma. Todos dijeron lo mismo, que yo había sido siempre un profesional serio y comprometido.

Porque no había una sola sombra en mi vida profesional. Ni una inspección de Hacienda en veinticinco años. Nada.

Pero todo eso… no sirvió. Porque no interesaba que sirviera. Y es que, cuando se decide que alguien tiene que caer, el relato ya está escrito. Y los hechos solo estorban.

Antes de que llegara el juicio, ajeno aún a todo lo que estaba por venir, yo seguía trabajando, criando con Cristina a nuestros hijos, intentando encontrar mi lugar profesional, mientras las piezas de una maquinaria destinada a despedazarme se iban ensamblando a mis espaldas, sin que yo me diera cuenta.

Un destierro encubierto

En 2007, accedí a una beca que me pareció una oportunidad fantástica para seguir formándome y explorando nuevas perspectivas profesionales. Se trataba de la Eisenhower Fellowships, un prestigioso programa estadounidense destinado a identificar y apoyar a líderes de mediana carrera con potencial de generar impacto social, económico o institucional en sus países de origen.

Me lo propuso una persona del entorno del Instituto Nóos, alguien que conocía mi trabajo y pensó que encajaba perfectamente con el perfil. La fundación de esta beca selecciona a candidatos de todo el mundo para realizar un estudio de investigación con un itinerario personalizado de contactos, visitas y encuentros por Estados Unidos.

En mi caso, el foco de mi investigación fue uno de los temas que más me interesaban entonces: cómo funciona en el mercado americano la gestión del patrocinio, la donación, la filantropía, la responsabilidad social corporativa y el mecenazgo en el ámbito del deporte y la cultura.

Diseñé una agenda de reuniones con profesionales del sector, visité universidades, instituciones y empresas. Fue una experiencia fascinante, intensa y profundamente inspiradora. Estuve alrededor de dos meses en Estados Unidos, con una pequeña pausa en medio, viajando de ciudad en ciudad, aprendiendo, preguntando, contrastando ideas.

En uno de esos tramos de viaje, llegué a Washington D. C., donde Cristina y los niños vinieron a visitarme aprovechando un parón del colegio. Y en esos días que compartimos en la capital americana, caminando por sus calles, viviendo su ritmo, observando su orden y su vida cultural, empezamos a plantearnos la idea de que esa era una ciudad para vivir.

Era solo una idea, aún lejana, casi una ilusión. Pero nos la llevamos de vuelta en la maleta.

En el verano de 2007 estalló el caso Palma Arena. El recién constituido Govern de les Illes Balears, presidido entonces por el socialista Francesc Antich, aseguró que había descubierto un descuadre de más de 50 millones de euros en las cuentas del recién inaugurado polideportivo Palma Arena. Un escándalo que, si bien nada tenía que ver con el Instituto Nóos ni con nuestros contratos del Illes Balears Forum —que eran absolutamente independientes de ese proyecto—, no tardó en generar el consabido ruido mediático.

Yo intuía que los medios, sobre todo los más ideologizados, no iban a tardar en reavivar los rumores previos sobre el coste excesivo de los foros a la luz de este nuevo caso.

A pesar de eso, fueron un par de años en los que todo parecía estar sumido en una calma relativa. Yo seguía con mi vida profesional, trabajando tranquilo, convencido de que no había hecho nada indebido y dispuesto a dar las explicaciones necesarias cuando se me pidieran. Y con la conciencia absolutamente limpia. Pero la tormenta se iba fraguando de forma subrepticia, imparable.

Después de mi experiencia con la beca Eisenhower, mencioné un par de veces, en alguna que otra conversación dentro de Telefónica, que si surgía algún puesto en Estados Unidos, me gustaría valorarlo. Me parecía una experiencia profesional interesante y también una oportunidad familiar: que nuestros hijos vivieran otra cultura, ampliaran su horizonte, creciesen en un contexto nuevo. Cristina y yo seguíamos hablando de Washington de vez en cuando, casi como un sueño compartido.

Y entonces, como por arte de magia, apareció una vacante justo allí. Una plaza en Washington. Era tan perfecta, tan alineada con lo que habíamos deseado, que casi no lo podíamos creer. El cargo era de *chairman* de las operaciones de Telefónica en Estados Unidos, una posición que parecía diseñada para alguien con mi perfil.

Un *chairman*, a diferencia de un CEO, no gestiona el día a día de la empresa, sino que coordina la estrategia global, vigila la buena gobernanza y representa institucionalmente a la compañía.

La misión, en este caso, era aglutinar la presencia de Telefónica en Estados Unidos, que tenía operaciones en distintos puntos: una gran red de *call centers* en Miami, un importante cable submarino hacia Latinoamérica, una oficina en Nueva York dedicada a relaciones con grupos de interés y toda el área de regulación y telecomunicaciones en Washington, además de algunas pequeñas inversiones en Palo Alto, California. Era un puesto transversal, estratégico y, en principio, con gran proyección.

En 2009 nos trasladamos todos a Washington, convencidos de que era un paso más en nuestro proyecto de vida.

«Qué suerte —pensábamos—. Qué bien que esta plaza haya salido justo en Washington».

Tardamos años en sospechar que quizá no hubo tanta suerte ni tanta casualidad.

Más tarde, llegamos a creer que había muchas posibilidades de que aquel hubiese sido otro movimiento de ajedrez de la Casa Real. Ante el cariz que estaba tomando el caso Matas, con una sociedad crispada por el comienzo de la crisis económica y con el temor de que el ruido mediático acabase salpicándome, y con ello poniendo en riesgo la imagen de la institución, es lógico pensar que se volvió a aplicar la estrategia del cordón sanitario.

Un cordón más largo. De miles de kilómetros esta vez.

Desde su lógica, quizá pensaron: «Vamos a mandarlos a Washington. Así no se les ve. Así la prensa se olvida. Así no hay problema».

¿Fue una mudanza orquestada? ¿Un exilio que parecía una oportunidad?

Lo que está claro es que fue otro paso hacia el abismo.

El estallido

El caso Nóos se abrió oficialmente en julio de 2010, como una deriva inesperada del caso Palma Arena. Durante varios registros relacionados con aquel escándalo de financiación pública, se hallaron documentos que hacían referencia a dos convenios de colaboración entre el Govern de les Illes Balears y el Instituto Nóos, firmados en los años 2005 y 2006. Aquellos papeles, encontrados de forma casi colateral, despertaron la atención del juez instructor, José Castro, que decidió abrir una nueva pieza separada, la número 25 del caso, y comenzar a investigar el instituto por malversación, apropiación indebida y fraude a la administración pública.

El 22 de julio de 2010, el juez solicitó formalmente toda la información sobre los convenios entre la Fundación Illesport, el Ibatur (Instituto Balear de Turismo) —ambos organismos dependientes del Govern de les Illes Balears— y el Instituto Nóos, que en aquellos años yo presidía.

A quien primero citaron como imputado fue a mi exsocio, Diego Torres, vicepresidente del Instituto en aquel momento. Su declaración tuvo lugar el 11 de julio de 2011, en la que defendió la legalidad de los acuerdos firmados, tal y como, de hecho, habíamos trabajado juntos durante años.

Por aquel entonces, yo ya no me hablaba con Diego. Mi salida de Nóos había sido precipitada, inesperada, impuesta desde fuera. No fue fácil ni ordenada. Habíamos tenido desencuentros sobre cómo gestionar mi desvinculación formal, cuestiones administrativas y de comunicación, y eso había dejado entre nosotros una tensión sin resolver. En aquellos momentos, yo había estado emocionalmente saturado, y la verdad es que no encontramos la forma de entendernos. Así que, después de mi marcha, tomamos distancia y dejamos de hablarnos. Pasaron años sin ningún contacto. Y así fue como nos sorprendió el estallido del caso Nóos.

Toda esta información me iba llegando a Washington y, lógicamente, cada noticia nueva aumentaba mi preocupación.

Fue un amigo de Telefónica, que había sido director jurídico de la compañía en Latinoamérica, quien me hizo la recomendación más importante. Me dijo:

—Mira, Iñaki, se está hablando mucho, tú estás lejos... Mejor que tengas a alguien de confianza en España que pueda ayudarte si esto va a más. Búscate un abogado bueno y no lo dejes para cuando ya sea tarde.

Él conocía bien a un abogado de Barcelona, Mario Pascual, de quien podía darme referencias impecables tanto personales como profesionales. Me dijo que podía confiar en él. Yo acepté el consejo. Concertamos una reunión con Mario durante uno de mis viajes. Nos sentamos a tomar una Coca-Cola y le expliqué la situación con calma. Le dije:

—Mario, supongo que estás al tanto... Están investigando los convenios de Noós en Baleares. Yo ya no estoy en el instituto desde hace años, no estoy imputado, no me han llamado, pero quiero tener a alguien aquí que pueda estar pendiente, por si esto se complica.

Le conté todo. Le pasé la poca documentación que tenía, pues mi ordenador se había quedado en el instituto, le hablé de cómo se habían diseñado y ejecutado los proyectos, y cómo todo se había hecho bien. Mario me escuchó con atención. Desde el primer momento, se implicó más allá de lo profesional. Aquella primera Coca-Cola fue el inicio de una relación que acabó siendo una amistad profunda, de esas que se forjan en la adversidad. Espero que la vida me dé la oportunidad de devolverle la ayuda que él me prestó en momentos en los que creí, honestamente, que me hundía sin remedio. En los años venideros, no solo fue abogado, fue compañero de batalla, confesor y amigo.

A partir de entonces, él se convirtió en mi representante legal y portavoz en España, mientras yo seguía con mi vida en Washington. Pero ya nada era normal. Vivía con un ojo en casa y otro en España. Muy pendiente de cada noticia, de cada artículo, de cada movimiento judicial. Pero, aun en ese momento, seguía convencido de que no pasaría nada. Que bastaría con explicar las cosas. Que cuando se revisara el trabajo de Nóos con objetividad, todo quedaría claro.

Qué ingenuo fui.

«Van a por ti»

El rayo me alcanzó estando dentro de un tren. Fue la primera constatación rotunda de que la gravedad del asunto era infinitamente mayor de lo que hasta entonces había llegado a imaginar. Ese rayo atravesó mi vida, dejándola congelada dentro de ese tren (y así quedaría durante muchos años), mientras mi cuerpo hacía el trayecto de Washington a Nueva York una fría mañana de principios de noviembre.

Yo había corrido el Maratón de Nueva York el año anterior, en el 2010, con el equipo de Telefónica. La compañía había adquirido dorsales sociales para impulsar el programa Proniño, una iniciativa maravillosa de su fundación, destinada a erradicar el trabajo infantil en Latinoamérica a través de la escolarización y el apoyo social y psicológico a niños en situación de riesgo. En 2011, se repetía la iniciativa; yo no pude preparar la carrera por motivos de trabajo, pero no quise dejar de estar con mis compañeros. Así que decidí ir a animarlos. Muchos de los que corrían venían de todo el mundo, especialmente de Latinoamérica, y eran colegas y amigos. Tomé el tren con esa intención, un sábado por la mañana, decidido a pasar un tranquilo y emotivo fin de semana.

A mitad del trayecto, sonó el teléfono.

Era Juan Verde, un alto cargo de la administración Obama, español, con quien mantenía una relación cordial por mi cargo de *chairman* de Telefónica en Estados Unidos. Habíamos compartido varias comidas, encuentros profesionales, ideas sobre cooperación entre España, Europa y América Latina.

—Iñaki, perdona que te llame en sábado… ¿Puedes hablar?

—Claro, dime.

—Te llamo con una mala noticia. Van a por ti.

—¿Cómo? ¿Qué estás diciendo?

—Tu carpeta está encima de la mesa. Lo siento, pero no pinta bien.

Le agradecí como pude y colgué. Me quedé mirando por la ventana del tren, incrédulo, mientras sentía como si el suelo hubiera empezado a resquebrajarse bajo mis pies.

En cuanto pude reaccionar llamé a Mario, mi abogado. Le pedí que estuviera muy pendiente. Aun entonces, me resistía a aceptar que aquello pudiera escalar tan rápido.

Pero lo cierto es que los hechos se desencadenaron en cuestión de horas.

El 8 de noviembre de 2011, el fiscal anticorrupción de Baleares, Pedro Horrach, dirigió registros simultáneos por parte de la Policía Nacional en las oficinas del Instituto Nóos en Barcelona, así como en el piso de Diego Torres. Se incautaron ordenadores, archivos, documentos confidenciales…

Ese mismo día, la Policía Judicial también recogió documentación de la Conselleria de Presidència de la Generalitat Valenciana y de la Ciutat de las Arts i les Ciències sobre nuestros contratos.

Y, entonces, todo estalló por los aires.

Los informativos, los periódicos, los programas de televisión, los titulares… Todo, absolutamente todo se volcó en este caso. Yo estaba en el centro. Mi nombre. Mi cara.

Se comenzó a elucubrar acerca de lo que había en los ordenadores, sobre cuánto dinero había ganado, sobre con quién se firmó qué…

Aunque yo aún no estaba imputado, la maquinaria mediática ya me había condenado, y una presión brutal se desató sobre la justicia para que la imputación sucediera cuanto antes.

El juicio popular se había puesto en marcha.

Desde Washington, mientras Mario Pascual, mi abogado, permanecía en España recabando información y preparando el terreno legal ante lo que pudiera venir, yo mantenía comunicación directa con la Casa Real. En concreto, con Rafael Spottorno, jefe de la Casa del Rey.

Una tarde, me llamó. Me dijo que era urgente emitir un comunicado para calmar a la prensa.

—Claro, Rafael, lo preparo y te lo envío en breve.

—Perfecto, gracias. Pero entiéndeme, estoy bajo muchísima presión —me dijo—. Mañana tengo un desayuno con periodistas y me están pidiendo explicaciones…

—Sí, sí, te lo mando enseguida. Pero, por favor, defiende mi posición. Yo voy a hacer todo lo que haga falta para dar la cara. Estoy preparado para explicarlo todo. No tengo nada que esconder.

En medio de ese torbellino, yo tenía que cumplir con un compromiso profesional impostergable: un viaje rutinario de trabajo a Brasil. Esa noche, subí al avión, con el comunicado enviado a tiempo.

Cuando me desperté en el hotel al día siguiente, el desayuno de Spottorno con los periodistas ya había tenido lugar por la diferencia horaria.

Y ahí, en la pantalla del móvil, me encontré con el mismo titular demoledor, repetido una y otra vez. Las palabras de Rafael, en un bucle infinito, reproducidas por todos los medios: «El comportamiento de Iñaki ha sido poco ejemplar».

La certificación pública del repudio.

Estaba claro que mi comunicado había terminado en la papelera. Lo que era mi verdad había sido ignorado. Y la Casa Real había decidido enviar un claro mensaje: me ponía a los pies de los caballos.

A partir de ese momento, hubo barra libre para que la prensa me crucificara a placer.

Un emisario real en las montañas de Colorado

Desde que se hizo dicha declaración, la presión mediática en Washington se volvió asfixiante. Empezamos a tener cámaras en cada esquina. Fotógrafos apostados frente a la casa. Era literalmente imposible salir a la calle sin que una nube de periodistas se nos echara encima.

Las escenas fueron durísimas. Persecuciones a cualquier parte, al colegio, al trabajo... acoso diario. Nuestros hijos, que aún eran pequeños, no entendían nada. Estaban sobresaltados, confundidos, nerviosos.

Por supuesto, tuvimos que hablar con ellos. Cristina y yo tratamos de explicarles lo mejor que pudimos lo que estaba ocurriendo.

—Papá no ha hecho nada malo, todo va a salir bien. Y nuestra prioridad en este mundo es protegeros. Vamos a intentar daros toda la información que necesitéis para entender lo que está pasando y responder lo que haga falta.

Qué más podíamos decirles.

Se acercaba la Navidad. Una Navidad marcada por el ruido exterior, por el miedo interno y por una tristeza que lo empañaba todo. La necesidad de escapar de Washington se volvió imperiosa. Pero no podíamos volver a España. Desde la Casa Real se nos dio una recomendación que sonó más a instrucción clara y contundente que a otra cosa: «Es mejor que no regreséis».

Cristina y yo, como cualquier padre o madre, solo queríamos darles un respiro a nuestros hijos, construirles un refugio, aunque fuera ficticio. Una burbuja en mitad de la tormenta. Nos inventamos unas Navidades felices.

Nos fuimos a casa de unos amigos en Colorado. Ellos tenían hijos también, y organizamos unas vacaciones en la nieve. Sobre el papel sonaba bien: nieve, esquís, cabañas, villancicos... Pero la realidad fue distinta.

Fue muy triste. Muy triste.

Sí, fuimos a esquiar, pero los niños querían estar en Madrid y en Vitoria, con sus abuelos, con sus primos. Mi padre ya estaba muy enfermo. Fallecería al año siguiente. Y aquella fue nuestra última oportunidad de pasar una Navidad con él. No pudimos hacerlo.

Cristina y yo nos propusimos disimular durante aquellos días, por los niños. Hacer que todo pareciera normal. Les dejábamos con monitores en las pistas de esquí, con sus amigos, y fingíamos que era una aventura divertida. Nosotros, sin embargo, no teníamos el cuerpo para calzarnos unos esquís.

Nos íbamos a una cafetería, pedíamos un café tras otro y allí nos sentábamos frente al móvil, revisando compulsivamente los titulares que llegaban desde España.

Cada día más duros. Cada día más agresivos.

Las llamadas no paraban. La tensión crecía.

Y entonces, desde el cielo, en vez de Papá Noel, aterrizó otro visitante en las montañas nevadas de Colorado.

Primero nos llegó el aviso de que el rey mandaba un emisario.

Se trataba de Fernando Almansa, un hombre que había sido jefe de la Casa del Rey, que entonces era consejero en Telefónica y que había retomado funciones como asesor real.

Llegó en un avión privado, desde Madrid hasta el aeropuerto de Denver.

El motivo del viaje fue tan absurdo como grotesco, algo que si lo ves en una película a lo mejor no te lo crees, pero sucedió, y la verdad es que, para lo que les sirvió, se lo podían haber ahorrado.

Cristina y yo dejamos a los niños con nuestros amigos y condujimos tres horas hasta Denver. Allí nos reunimos con él. Nos esperaba, serio, y nos saludó con arrogancia, con una altanería casi ofensiva:

—¿Sois conscientes de lo que está pasando? —fue lo primero que preguntó Almansa.

Como si nosotros estuviéramos de vacaciones, celebrando la Navidad alegremente, sin preocuparnos de nada. Nos miramos, perplejos.

—¿Qué quieres decir? —preguntó Cristina.

—Que si sois conscientes de todo lo que se está diciendo. Se está liando una bien gorda, y parece que no os importa —insistió Almansa, arrojando sobre la mesa con desprecio una caja enorme que aterrizó con un golpe seco, que sonó a bofetada: ¡PAM!

Estaba llena a rebosar de informes de prensa, con toda la información que nosotros llevábamos semanas leyendo.

—Pero ¿tú crees que no estamos al tanto de esto? —pregunté, con una mezcla de estupor y de rabia—. ¿Y cómo puedes pensar que nos da lo mismo?

—Eso parece, eso parece…

Y de ahí no lo sacabas, hasta que soltó la bomba que nos tenía preparada.

—Mira, Iñaki, creemos que es mejor que te divorcies de doña Cristina.

El silencio que se hizo en aquella mesa pareció que podría durar eternamente. Yo, desde luego, no encontraba las palabras para responder a algo así.

Algo tan frío, tan quirúrgico. Tan infame.

Fue Cristina la primera en reaccionar. Se levantó como un resorte.

—¡¿Pero tú te estás oyendo?! ¡¿Tú sabes lo que estás diciendo?! —le gritó—. Iñaki no ha hecho nada malo. ¡Nada! ¡Y ni siquiera está imputado! Pero vosotros os ponéis nerviosos enseguida por la prensa y, en lugar de contestar con pruebas y argumentos, de defendernos, venís aquí, ¡a pedir la cabeza de mi marido!

Le recordó que había un abogado trabajando desde hacía meses, que había documentación, explicaciones... Que si querían ayudar, lo hicieran como se ayuda en una familia: escuchando, entendiendo, apoyando.

Pero eso no iba a suceder.

Yo era la gangrena, y mi amputación la única forma de control de daños que pensaban considerar.

—Pues te puedes ir por donde has venido —dijo Cristina.

Y así se rompió todo. A los reyes no les sentó nada bien aquella reacción. La relación de Cristina con su familia se complicó aún más en aquellos momentos.

Pasamos el par de días que nos quedaban en Colorado y después ya regresamos a Denver con los niños para tomar el vuelo de vuelta a Washington. En el aeropuerto sonó mi móvil.

Era el príncipe Felipe, hoy rey de España.

Mi cuñado. Mi amigo.

O eso había creído yo.

—Iñaki, por favor, considera la situación. Es lo mejor para todos. Creo que te vas a defender mejor solo. La Casa no puede hacer nada por ti ahora. Es mejor que te apartes. Piensa que en ciertos círculos no te beneficia estar relacionado con la Corona. Y, por otro lado, hay que proteger a la institución.

Claro, y con cuatro niños de por medio que no entenderían absolutamente nada. Yo no sabía si reír o llorar. No deja de resultar irónico, visto con perspectiva, que, al final, los durísimos años venideros acabarían por erosionar nuestra relación, por apagar la llama, y, finalmente, ya con nuestros hijos mayores, terminaríamos tomando caminos diferentes. Pero en aquel momento, Cristina y yo éramos un matrimonio unido, una familia feliz, y que algo así estuviera siendo tratado como un asunto de Estado…

Era todo tan inhumano, algo tan diametralmente opuesto al concepto de familia que yo conocía, a los valores en los que yo había sido educado, que realmente me sentía como si estuviera entre extraterrestres.

Aterrizamos en Washington D.C. destrozados. Y pasó lo que tenía que pasar. Llegó la imputación.

Con el tiempo, ya he comprendido que mi destino estaba más que sellado.

Sé que esta es mi visión de los hechos, pero así es cómo lo viví, no puedo contarlo de otra manera, y ninguna reflexión posterior me ha hecho cambiar de opinión. Había demasiado ruido mediático. Demasiado. Había un fiscal con motivación de carrera. Un juez instructor, José Castro, que formaba parte de la lista de candidatos a las municipales por Podemos. Había una figura pública que simbolizaba una institución sobre la que poner el foco. Y había un sistema judicial que, en este caso, estaba siendo claramente incitado por el eco de los medios.

El 29 de diciembre de 2011, el juez José Castro levantó el secreto de sumario y me imputó formalmente por presuntos delitos relacionados con evasión de impuestos, fraude fiscal, prevaricación, falsedad documental y malversación de caudales públicos.

El proceso

Fui citado a declarar los días 24 y 25 de febrero de 2012. Me preparé lo mejor que pude con Mario, mi abogado, repasando cientos de documentos, contratos, facturas, memorias, correos… Pero no estaba preparado para lo que vendría después. Mi declaración se alargó durante dos días completos, con interrogatorios maratonianos que superaron las doce horas diarias.

Aquel no fue un interrogatorio sobre el caso Nóos en concreto.

Fue un interrogatorio sobre mi persona.

Sobre quién era yo. Sobre mi catadura moral, por decirlo de alguna forma.

Se escudriñó cada rincón de mi trayectoria profesional, desde que salí del deporte hasta mi última presentación en una junta de Telefónica. Se utilizaban artículos de prensa como si fueran pruebas periciales. Yo no podía creerlo.

—¿Pero esto qué es? —me preguntaba—. ¿Un titular convertido en argumento judicial?

Los precios de los servicios del instituto eran puestos en duda bajo el criterio de esta prensa sensacionalista por personas sin ninguna experiencia en estas lides. Todo se desfiguraba. Era como si cualquier actividad remunerada fuera, por sí sola, dudosa, simplemente por el hecho de estar yo implicado.

Y si no recordaba hasta el último dato exacto, si no sabía de memoria, por decir algo, el nombre del proveedor de las sillas, o cualquier acción ajena a mi responsabilidad, se convertía inmediatamente en motivo de mayores sospechas.

Por supuesto, me arrepentí muchísimo de no haber llevado a cabo esa inmersión en el mundo de la empresa desde la base que siempre había echado en falta. O de haber delegado responsabilidades en otras personas sin recibir el informe adecuado. En ocasiones, me bloqueaba por no saber responder con mayor precisión, con una terminología más técnica, con más dominio del lenguaje económico. Fue uno de los grandes errores que identifiqué durante ese proceso: no tener el control absoluto de todo lo que llevaba mi firma. Y supuso un aprendizaje que me acompañará toda la vida.

Aun así, di todas las explicaciones que pude. Reivindiqué mi inocencia con argumentos, con hechos, con documentos. Intenté demostrar que mi trabajo había sido honesto. Que en las acciones del instituto no había ni una sola intención de delinquir. Pero allí nadie quería entender. Nadie quería escuchar. Las preguntas no iban dirigidas a desentrañar la verdad. Iban a pillarme. En lo que fuera.

Durante todo el proceso, la narrativa judicial se mantuvo constante, nutrida por la narrativa mediática, como si ambas se retroalimentaran en una dinámica de causa y efecto. De nada sirvieron las voces expertas que llamamos a declarar, los informes independientes que certificaban la calidad, la legitimidad y la rentabilidad social y económica de los proyectos realizados por el Instituto Nóos. Nada de eso parecía tener ningún valor. Se ignoraba la evidencia, se ridiculizaba el conocimiento experto y se ponía en duda el trabajo de profesionales que llevaban décadas de prestigio.

Ni siquiera cuando la Comunidad Valenciana —que supo estructurar bien su defensa, que presentó su documentación con rigor, que hizo una exposición impecable de todos los procesos de contratación y ejecución de nuestros servicios— logró cerrar su expediente y demostrar que no había habido ni una sola irregularidad en su relación con Nóos... ni siquiera eso hizo tambalear la causa.

¿Cómo era posible?

En los tres Summit de Valencia fui absuelto; igual que en el proyecto de Madrid 2016, que también se investigó. Limpio por completo.

Si ambos territorios —Valencia y Baleares— habían trabajado con nosotros bajo el mismo modelo de contrato, con los mismos procedimientos de validación, de facturación, de ejecución de servicios y dentro de una estructura legal idéntica... ¿cómo podía ser que en uno no se encontrara indicios de ningún delito y en el otro se siguieran buscando desesperadamente varios de ellos? Era absurdo.

Se dice que la justicia es ciega. Que es igual para todos.

No lo fue para mí.

Y lo digo sin miedo, con total convicción, porque lo viví en primera persona.

La justicia que yo conocí estaba contaminada: por la política, por los medios, por el clima social y por las ideologías de quienes tenían que impartirla.

El juez, el fiscal y algunos medios formaron una liga antimonárquica cuyo principal objetivo era yo, y su visión crítica hacia la institución de la Corona marcó todo el proceso desde el primer momento. No me asusta decirlo. Es mi opinión y lo creo firmemente, me baso en los hechos y en la forma en que todo se desarrolló.

Cuando se cruzaron casi por casualidad con el Instituto Nóos durante la investigación a Jaume Matas, vieron en la vinculación a mi figura una oportunidad. Un caso con posibilidades de escalar a los titulares, a los debates públicos.

A los libros de historia judicial de este país.

Como he dicho, y como comprendería mucho más tarde, era imposible que yo no terminara en prisión. El foco mediático era tan feroz, la presión política tan evidente, la necesidad de una «victoria judicial ejemplar» tan urgente, que estaba claro que no iban a soltar ese hueso.

Porque la justicia, cuando se convierte en un engranaje de intereses políticos y mediáticos, deja de ser justicia.

Obviamente, todo esto no deja de ser una interpretación mía.

Pero es mi verdad. Lo que yo viví. Y eso nadie podrá discutírmelo.

La sentencia

Me declararon culpable de malversación, prevaricación, fraude a la administración, dos delitos fiscales y tráfico de influencias. El Tribunal Supremo ratificó una pena de cinco años y diez meses de prisión, rebajando ligeramente la condena inicial de seis años y tres meses que había impuesto la Audiencia Provincial de Palma.

Quiero decirlo con total claridad: no fue una sentencia justa.

No merecía entrar en la cárcel, y no lo digo yo. Hay hechos que así lo demuestran. Como este que voy a contar a continuación.

Los magistrados del Tribunal Supremo se vieron obligados a «rehacer» la condena de la Audiencia de Palma para eliminar el delito de falsedad documental, del que había sido absuelto. El resto de los delitos eran casi todos de un año o menos de prisión, por lo que, al no tener antecedentes y ser penas inferiores a dos años y un día, no suponían ingreso en la cárcel aunque me declarasen culpable de todos... Pero había un solo delito, el de malversación y complicidad en prevaricación, por el que el tribunal podía escoger entre un rango de condena que oscilaba desde los 1,6 hasta los 2,3 años. La decisión de qué valor aplicar se basaba en los antecedentes del acusado y en su actitud durante el proceso. Mi disposición a lo largo de todo el juicio había sido de absoluta colaboración, había pagado con mucha antelación la responsabilidad civil a la que se me condenó y no tenía antecedentes... Pero los magistrados optaron por elegir la pena máxima de 2,3 años para este delito. Lo cual suponía la entrada en prisión, además de la suma del resto de penas. Si hubieran elegido otro valor para ese delito, siempre que quedara por debajo de los dos años, yo no habría pisado la cárcel. Ni un solo día. Y esta decisión, disponiendo de tantos atenuantes comprobados, no se entiende, o yo no la puedo entender, si no es por la necesidad de que yo ingresara en la cárcel sí o sí. Para contentar a la prensa, a los jueces, al fiscal, a la Casa Real y a una parte de la opinión pública.

No merecía esa condena y, en ese aspecto, tengo la conciencia muy tranquila.

Durante todos los años de vida del Instituto Nóos, se ejerció una labor empresarial valiosa, seria y bienintencionada. Puede que se cometieran errores, como puede suceder en cualquier organización compleja. Puede que hubiera fallos. Pero ninguno de ellos justificaba esta sentencia. Y, desde luego, no justificaba que yo acabara en la cárcel.

Al decir esto, no es mi intención presentarme como una víctima ni excusarme mediante un relato sesgado de los hechos, al contrario, no me tiembla el pulso al asumir con honestidad mi parte de responsabilidad. Con lo que no estoy de acuerdo, insisto, es con la sentencia absolutamente desproporcionada, fruto de un contexto judicial y mediático profundamente politizado, donde el objetivo era la caza mayor de una institución a la que yo representaba. Pero aceptar eso no me exime, en absoluto, de reconocer mis errores.

No hubo voluntad de delinquir. Nunca la hubo. De eso estoy convencido, y con esa verdad puedo mirar a mis hijos a los ojos. Pero con el paso del tiempo, con la perspectiva que da el silencio, la cárcel y la reflexión honesta, he entendido que hubo decisiones que podría y debería haber tomado de otra manera. Errores que no tienen que ver con delitos, pero sí con la forma de gestionar, delegar y asumir responsabilidades.

Uno de mis mayores defectos —y hoy lo reconozco sin rodeos— ha sido siempre un exceso de confianza. Pensar que todo el mundo actúa de buena fe, que todo el mundo hará lo correcto, que las cosas se pueden dejar en manos de otros sin estar encima. No siempre es así. Yo confié demasiado. Delegué mucho y no de la mejor forma. Y no supervisé lo suficiente. Como directivo, como responsable máximo del Instituto Nóos, eso es algo que tengo que asumir.

Otro error fue no rodearme de un equipo propio dentro de la estructura. Todas las personas que gestionaban el día a día pertenecían al entorno de Diego, y probablemente yo habría necesitado un grupo de personas de máxima confianza, con criterio propio y una mirada más cercana a mí, que velaran también por mis intereses y por la correcta gestión. No lo hice. Y esa decisión fue mía.

Reconocer todo esto significa aceptar que siempre hay margen para hacerlo mejor, que uno puede equivocarse sin ser un delincuente, y que asumir los propios errores con honestidad es el único camino para aprender, evolucionar y no repetirlos jamás.

Tendría que haber estado más encima de muchas cosas. Tendría que haber preguntado más, revisado más. No hay excusas. Las irregularidades que se produjeron —independientemente de cómo fueron interpretadas después— eran, en última instancia, mi responsabilidad como directivo. Y así las asumí durante el proceso. Sin ambages.

Hubo, por mi parte, durante todo el proceso, una disposición absoluta a aclarar cualquier malentendido, corregir cualquier error, compensar cualquier posible irregularidad.

Pero lo repito: no hubo ni los delitos ni la intencionalidad que se me quisieron atribuir.

Esa es mi verdad.

Y si hay algo que tengo absolutamente claro es lo siguiente: si yo me hubiese llamado Pérez o Gutiérrez o López, no habría pisado la cárcel.

Pero me llamo Iñaki Urdangarin.

El proceso judicial duró siete años. Desde que fui imputado en 2011 hasta que ingresé en prisión en 2018. No quiero extenderme mucho más en el infierno que supuso atravesar ese desierto —siete años de angustia, de incertidumbre, de impotencia, de incredulidad constante— porque os he prometido (y me he prometido) no caer en el victimismo. Podría contar muchas más cosas. Muchísimas. Pero no quiero.

Solo rescato una cosa buena de todo ese periodo: que pude estar muy cerca de mis hijos. No por una razón feliz, desde luego. Todo lo contrario. No se me quería en ningún sitio. No encontraba trabajo. Solo podía quedarme en casa y centrarme en mi defensa.

Vivíamos del sueldo de Cristina. El rey emérito empezó a ayudar a sus nietos y a su hija mucho más tarde, cuando comenzó su condición de emérito, no antes.

Pero al menos estuve con ellos. Pude verlos crecer, acompañarlos en su paso de la niñez a la adolescencia. Atesoré cada instante con el cuidado de un orfebre. Como si cada minuto a su lado fuera una joya de inestimable valor. Porque, a pesar de que mantuve la esperanza hasta el último instante, no podía dejar de pensar que, tal vez, se acercaba el momento en que me separarían de ellos.

Y aunque ese terrible momento llegó, y me desgarró por dentro, y aún me sigue martirizando el dolor que les causé, sí que hay algo de lo que me siento profundamente orgulloso: de haber luchado con dignidad hasta el final, sin aceptar atajos ni favores.

Llegado un punto del proceso, el fiscal intentó establecer un acuerdo con nosotros. Cuando se demostró que no podían encontrar ninguna mácula en todo mi historial profesional anterior a Nóos y, cuando los expedientes de Valencia y Madrid quedaron limpios y cerrados, archivados sin ninguna consecuencia, supongo que Horrach se dio cuenta de que solo le quedaba Palma (donde Jaume Matas y Pepote Ballester, que ya habían llegado a un pacto previo con el fiscal en su intento por eludir la cárcel, se dedicaban a esparcir responsabilidades a diestro y siniestro). El fiscal vio que el caso se le empezaba a desmontar un poco.

En un principio, la fiscalía solicitaba para mí dieciocho años de cárcel y 5 millones de euros de multa. Era una cifra descomunal. Cualquier condena inferior a eso iba a parecer un fracaso para ellos. Entonces, me ofrecieron un pacto: seis años de cárcel si me declaraba culpable.

No lo acepté.

Yo no iba a ser un culpable confeso, cuando no lo era.

Así que fuimos a juicio. Pedro Horrach había iniciado este caso con la ilusión de que fuera el culmen de su vida profesional. No fue así. De hecho, después de este caso dejó su puesto en la fiscalía para dedicarse a la abogacía privada.

Por mi parte, se suele decir que es mejor un mal pacto que un buen juicio. Y esa es una filosofía de vida con la que podría estar de acuerdo en otros muchos momentos.

Pero no en ese. Porque en aquel entonces, yo era un padre. Y un hijo.

Pensé en mis padres, en lo que me habían enseñado. Y, sobre todo, pensé en mis hijos. En el legado que quería dejarles. En la enseñanza que debía transmitirles. Pensé que si algún día tenían que luchar por algo que creyeran justo, yo tenía que poder mirarlos a la cara, y, con la autoridad de mi propio ejemplo, poder pedirles que lo hicieran, que lucharan hasta el final. Con la cabeza alta y la conciencia tranquila. Sin rendirse.

Porque los partidos se juegan hasta el último minuto.

Aprendizajes de esta etapa

Como en las anteriores partes del libro, he querido dejar para el final este pequeño resumen de aquellas enseñanzas que esta etapa me regaló.

Lo importante no es lo que recibes, sino en qué lo conviertes

El deporte me dejó una certeza que luego siempre he perseguido, con mejor o peor fortuna, en todas las etapas de mi vida: uno de los grandes propósitos de la vida es ser útil. Dejar un impacto positivo en tu entorno.

Nada es tan gratificante como sentir que aquello que sabes hacer, y que haces bien, aporta valor a los demás.

Mantener la esencia

Cuando todo te sonríe —el éxito, los elogios, las oportunidades—, es fácil alejarte de tu verdadero centro, de tus valores, de tus principios. Desnaturalizarte. Hoy sé la importancia de no perder nunca de vista quién eres. De no olvidar el placer de las alegrías sencillas.

De rodearte de quienes te ayudan a recordar lo esencial, de aquellos capaces de decirte una verdad dolorosa a tiempo.

Los partidos se juegan hasta el último minuto

Hay que mantener la coherencia con uno mismo hasta el final. Elegir un camino y transitarlo con valentía y honestidad hasta la meta. Aceptar los errores, asumir las responsabilidades y defender la verdad en la que uno cree hasta las últimas consecuencias.

Porque la coherencia entre lo que uno cree y lo que uno hace es, al final, lo que nos define como personas.

Comenzar desde la base

Uno de los grandes aprendizajes de esta etapa fue, sin duda, representar solo aquello que uno domina por completo. Para liderar cualquier proyecto, es preciso controlar cada detalle de sus cimientos.

Porque solo creciendo desde la base, se puede mantener el control en la cima.

Estos son los cuatro aprendizajes que me ha dejado esta tercera etapa de mi vida. Ojalá resuenen en ti de alguna forma y puedan acompañarte también. Como siempre, he querido compartirlos contigo no para dar lecciones, sino por si acaso estas palabras, nacidas de mi experiencia, pudieran serte de alguna ayuda.

¿Seguimos?

CUARTA PARTE
Mil días y mil noches

De tanto perder aprendí a ganar

La etapa de mi vida que estoy a punto de narrar podría decirse que ha sido —y de muchas formas lo fue— la más oscura, la más devastadora. Pero también fue un camino de renacimiento. Una travesía en la que, mientras perdía casi todo lo que había tenido, descubrí partes de mí que jamás habría encontrado de otra manera.

Durante aquellos mil días y mil noches, hubo ocasiones en las que creí que no saldría adelante… pero resultó que estaba aprendiendo a resurgir. En la más absoluta soledad, descubrí que si aprendes a mirarte y a escucharte con honestidad, nunca estás solo del todo.

En el silencio entre aquellos muros, me acompañaron las voces de mis seres queridos que a través de las pocas llamadas y visitas de que disponíamos, y de las cartas que me escribían, me proporcionaron palabras de ánimo y consuelo que permanecían en mi cabeza como un mantra durante las largas horas de soledad. Pero también conté con las voces de muchos autores a los que leí de forma voraz, cuyos libros fueron luz, consuelo y guía.

Entre todas esas lecturas había fragmentos que me impresionaron profundamente, que me atravesaron, textos que copiaba a mano en mis cuadernos, despacio, buscando el sentido a cada palabra, como quien reza.

Encontré maestros inesperados, líneas que cuando las leía por primera vez sentía —como sentimos con todos los libros que amamos— que habían sido escritas por un viejo amigo, especialmente para mí.

Espero, ahora, encontrar las palabras justas para describir aquellos mil días con sus mil noches, sin victimismo, sin rencor, sin afán de dar pena. No negaré que me tiembla el pulso al mirar de nuevo hacia aquella oscuridad. Al contemplar a aquel Iñaki que ya no es el mismo que escribe estas líneas, y todo lo que tuvo que atravesar para llegar hasta aquí. Pero respiro hondo, recuerdo a las personas que me han animado a dar este paso, miro a mi alrededor, veo todo lo que he superado, en qué me he convertido…

Y comienzo.

Al hombre se le puede arrebatar todo salvo una cosa: la última de las libertades humanas, la elección de la actitud personal ante un conjunto de circunstancias.

VIKTOR FRANKL
El hombre en busca de sentido

Capítulo 9

Un doble castigo

El día en el que me fue comunicada la sentencia yo estaba en Ginebra, comiendo con Cristina. Era su cumpleaños. Quiero pensar que solo fue una triste casualidad. Durante el almuerzo, sonó el teléfono: Mario Pascual, mi abogado.

El Tribunal Supremo había dictado su decisión final.

Hasta ese preciso momento, todos habíamos mantenido aún la esperanza. Por supuesto, esa esperanza había flaqueado en muchas ocasiones, y el miedo había sido un compañero constante durante los siete largos años de lucha firme y decidida, de intentar explicar que las acusaciones no eran ciertas, que jamás hubo en mí intención de delinquir. Siete años dedicados a deshacer malentendidos, desmontar prejuicios, darle la vuelta a esa imagen construida mediáticamente. Incluso en los momentos más oscuros, habíamos tenido fe de que la verdad prevalecería y, a pesar de todo, hasta el último momento, seguíamos creyendo —ingenuamente, quizá— que el Supremo actuaría con criterio, con proporcionalidad.

Pero no.

La sentencia fue un jarro de agua helada. Cinco años y diez meses de cárcel.

Mario, con su temple habitual, intentó ver algo positivo en aquel despropósito. Reconoció que era una barbaridad, que no se entendía cómo se había aplicado ese baremo en ese único delito, cómo se habían sumado las penas hasta alcanzar casi seis años. Pero enseguida cambió de táctica: «Vamos a buscar soluciones —me dijo—. Voy a investigar a fondo la ley penitenciaria, algo podremos hacer. Hablaré con gente, pensaré estrategias, encontraremos un camino». Siempre veía un brote verde en el desierto.

Y, en ese momento, su energía fue el único clavo al que pude aferrarme. Mario, ya lo he dicho, siempre fue algo más que mi abogado: ha sido confidente, gestor, portavoz..., un compañero de trinchera en todos los sentidos. Solo le reprocho una cosa, y se lo dije tiempo después: esa forma suya de suavizarlo todo en los primeros días. Porque yo entré en prisión pensando que me sacaría enseguida. Que con un buen comportamiento podrían reducir la condena en los términos que la ley contempla. Que había esperanza de salir pronto.

Y sí, quizá esa idea me ayudó a entrar con más entereza. No lo niego. Pero también me hizo mucho daño cuando la realidad me golpeó brutalmente de frente.

Hubo reuniones muy duras con él en prisión. Yo no entendía por qué todo se alargaba, por qué nada de lo que intentábamos salía. Y cuando finalmente tuvo que reconocer que sus gestiones en instituciones penitenciarias, en los diferentes órganos competentes de Madrid, Palma y Valladolid, estaban todas chocando contra el mismo muro —«Quieren una condena ejemplar, Iñaki, quieren que cumplas la pena entera, sin ningún paliativo»—, entonces sí se me vino el mundo encima.

Aun así, aquel día en Ginebra, en la celebración de cumpleaños más triste que puedo recordar, cuando Mario me llamó, por muy duro que fuera el golpe, intentamos mantenernos positivos. Nos prometimos aguantar. Seguir luchando. Aferrarnos a la esperanza. No sabíamos aún lo difícil, largo y duro que iba a ser todo.

Los últimos cinco días de libertad

El ingreso era prácticamente inmediato. Me dieron cinco días. Solo cinco días para asimilar que mi vida se había volatilizado, reorganizarme como pudiera y despedirme de los míos.

Dos de nuestros hijos estaban en Rusia, de vacaciones tras terminar el colegio. Tuvimos que hacerles volver. Los otros dos estaban con nosotros en Ginebra. Así que lo primero fue reunirnos todos. Una especie de pequeño cuartel general, donde empezar a preparar lo que se acercaba.

Cuando recibes una noticia como esa, mantenerte ocupado y activo es la única forma de no hundirte. Lo prioritario era organizar la familia, y esa necesidad imperiosa fue lo que me mantuvo entero aquellos días. Proteger el proyecto familiar. Asegurarme de que todo estaba en orden, tanto a nivel logístico como emocional, durante el tiempo que yo iba a estar fuera. Ese tiempo que yo, por entonces, quería pensar que serían unos meses.

Nuestra casa en Ginebra se llenó de prensa en cuestión de horas. Así que unos amigos nos ofrecieron quedarnos en la suya, en las afueras. Aceptamos inmensamente agradecidos y nos refugiamos allí, como en una burbuja, aislados del mundo, unidos en una piña, como un equipo repasando la jugada antes de salir a la cancha. Mario vino desde España y se quedó con nosotros durante esos cinco días, y aparte de él, solo pasaron por la casa algunos amigos íntimos, con quienes compartimos lágrimas y palabras de apoyo que, aunque no podían cambiar nada, reconfortaban.

Cristina y yo nos dividimos las tareas con serenidad. Le expliqué los asuntos prácticos que llevaba yo, los detalles que ella debía tomar en sus manos a partir de ahora. Pero, sobre todo, trabajamos juntos para preparar a nuestros hijos.

No nos hizo falta entrar en demasiadas explicaciones sobre el porqué de mi ingreso. No eran niños pequeños. Ya sabían todo lo que tenían que saber. Habíamos hablado de ello muchas veces en los años anteriores. Sabían quién era su padre y sabían también lo que estaba ocurriendo.

Lo que sí queríamos dejarles muy claro eran algunos mensajes. «Lo importante es que podemos estar orgullosos —les dije—. Hemos peleado hasta el final. Hemos hecho todo lo posible por demostrar la verdad. No ha sido suficiente... pero lo hemos intentado con todas nuestras fuerzas. Y eso vale mucho».

También intentamos normalizar la situación, dentro de la locura que suponía. «Pensemos que papá se va a trabajar a una plataforma petrolífera en Nueva Zelanda. No estará aquí, pero sí que estará pendiente. Llamaré, os escribiré... Y me podréis visitar. ¡Mucho más que si estuviera en una plataforma petrolífera, en realidad!», bromeé. Cada sonrisa que conseguía arrancarles valía un tesoro para mí.

Papá está. Papá sigue estando. Y nos volveremos a ver pronto.

Les insistimos en lo esencial: «No dejéis de hacer vuestra vida. Vuestros planes, vuestros estudios, vuestras ilusiones. El proyecto familiar sigue. Esto es solo un capítulo. Y mi vuelta llegará antes de lo que pensáis».

Y les pedí algo más, algo que repetí muchas veces durante aquellos días, como si fuera un mantra: «Si todo lo que está fuera está bien... yo estaré bien». Era una forma de transmitirles fuerza. Y se convirtió en la verdad más poderosa que iluminaría mis días en los años venideros. Si ellos estaban bien, yo también lo estaba. Aunque debo reconocer con pesar algo que ya he comentado y que contaré enseguida con más detalle: los tres primeros meses ni siquiera esa verdad pudo evitar que cayera en el más profundo de los pozos.

Les dimos también herramientas para enfrentarse al entorno. «Si alguien os dice esto... ¿qué podéis contestar?». Les ayudamos a afinar sus respuestas, a protegerse con palabras claras y firmes. A no dejarse amedrentar ni tampoco a entrar al trapo.

Y les pedimos que fueran transparentes. «Lo que os pase, contádnoslo. Que no se quede nada dentro. Las redes sociales, los rumores, la prensa... dirán muchas cosas, posiblemente dolorosas. Compartidlo con nosotros. Preguntadnos lo que queráis. No os lo guardéis».

La relación de confianza que habíamos desarrollado con ellos durante años tenía que dar sus frutos en esos momentos. Cristina y yo estuvimos de acuerdo en trabajar prioritariamente su apertura a nosotros, en estar muy pendientes de sus comentarios y expresiones, practicar siempre la escucha activa, entender y empatizar con sus emociones. El día a día le tocaría a su madre, claro, yo estaría muy pendiente en prisión a través de las cartas, las llamadas, las visitas.

Les dijimos: «Llevad la cabeza alta, seguid el camino trazado».

Y poco más se podía decir. El resto fue abrazar, intentar memorizar cada rasgo de sus caras, cada gesto típico, cada caricia. Prometerles que todo iría bien. Que todo pasaría. Que estaríamos bien.

Cuando llegó el día señalado, volé a Palma con Mario para recoger la sentencia.

Y de ahí, a Madrid. El reloj había terminado su cuenta atrás.

El ingreso

Durante esos cinco días que pasamos en Ginebra después de recibir la sentencia, una de las primeras llamadas que había hecho fue a la policía. En concreto, al jefe del equipo de escoltas que nos había acompañado durante años.

—Oye… yo no pensaba que esto iba a ocurrir. Pero, mira, así estamos. Necesito ayuda para escoger el lugar donde debo ingresar.

La verdad es que yo no tenía ni idea de cómo funcionaba el sistema penitenciario. Ni qué centros había ni cuáles eran las condiciones ni qué debía hacer. Simplemente me puse en manos de quien seguro sabía más que yo.

Al cabo de un par de días, me llamó con lo que había resuelto.

—Iñaki, creemos que lo mejor para ti es la prisión de mujeres de Brieva.

Pensé que había oído mal.

—¿Una prisión de mujeres? —pregunté, sorprendido.

—Sí, verás, hay un módulo que está cerrado, vacío —me explicó— y nos han dicho que podrías quedarte ahí. Estarías solo, y desde el punto de vista de tu seguridad, sería lo más prudente. Allí estarás más tranquilo, y nosotros también.

Así fue como se decidió que mi ingreso sería en el centro penitenciario de Brieva, en la provincia de Ávila, a instancias de la recomendación del equipo que se encargaba de mi seguridad en ese momento. Una prisión para mujeres, sí, pero con un pequeño módulo que en ese momento estaba desocupado.

Quiero dejarlo claro: yo no pedí ese ingreso como un trato especial. No tenía ni idea de cómo eran las cárceles en España ni qué alternativas existían. Me limité a seguir las indicaciones que me dieron, confiando en que sabían lo que hacían. Yo simplemente obedecí.

Más adelante se ha dicho que esto fue un privilegio. Que se me concedió un trato especial. Si fue un trato especial, yo no lo pedí. Y, como pronto veremos, si aquello fue un privilegio, lo fue envenenado.

De todas formas, se han dicho tantas cosas que no son ciertas…, algunas realmente absurdas, como que yo estaba encantado de ingresar en una cárcel de mujeres porque allí dentro era el centro de atención (cuando vivía en un absoluto aislamiento). O la más loca de todas: que yo nunca he llegado a estar en prisión.

Mientras escribo estas líneas, me viene a la cabeza una entrevista que me hizo hace poco el periodista Jordi Basté. Fue para el programa *Pla seqüència*, en la 2 de Cataluña. Una conversación de cincuenta y cinco minutos sin cortes, sin guion, donde hablé de todo un poco con un profesional al que conozco desde hace treinta y ocho años, desde mi época en el Barça, cuando él era un joven periodista deportivo.

En un momento de la entrevista, Jordi sacó justamente este tema:

—Hay gente que dice que tú no estuviste en prisión. Que nadie te vio entrar ni salir, que no estuviste allí.

—Pero tú me viste allí dentro, ¿no?

—Yo te vi, claro. Fui a verte un par de veces.

Me dijo Jordi que le impactó el sonido de aquella puerta al cerrarse a sus espaldas.

Yo no lo olvidaré nunca. Lo sigo escuchando ahora.

Ese sonido. Ese golpe seco. Esa puerta que se cierra tras de ti… ¡BUM!

Recuerdo especialmente el BUM del primer día, cuando ingresé, pero también el que se repetía después de cada visita, cada vez que alguno de mis seres queridos salía por aquella puerta metálica, ¡BUM!, y yo volvía a quedarme allí dentro, solo. No te acostumbras a ese ruido.

El sentimiento que me embargó el día que ingresé en prisión y la puerta restalló por primera vez a mis espaldas fue el pánico. No un miedo cualquiera, no. Pánico puro. Paralizante. Una sensación casi física, un gancho helado clavado en el estómago, que me dejaba sin aire.

Después vendrían muchas más emociones —todas intensas, todas desbordadas— para las que yo no tenía ninguna herramienta ni sabía cómo gestionarlas. Impotencia, incredulidad, tristeza, rabia, rencor… Pero la primera, la que me golpeó de lleno dejándome fuera de combate, fue esa: el pánico.

Fue como tocar fondo de golpe, sin aviso. Como despertar en mitad de la noche, enterrado en vida. Miré a mi alrededor y solo vi muros y rejas y concertinas… Y vacío. Y silencio. El sonido de los pasos hacía eco, casi podía escuchar mi respiración rebotando contra los muros, aunque eso era seguramente una ilusión. No había un alma más allá del funcionario de turno o los profesionales que acudían para este o aquel trámite, y luego se marchaban. Un módulo entero para mí, con mi celda, con un patio… Todo vacío. Un desierto de cemento. Una tumba grande y solitaria.

Todo lo que ocurrió durante aquel primer día —los trámites de ingreso, la revisión médica, las normas básicas— lo viví como si flotara fuera de mi cuerpo.

Lo primero que hice, en cuanto pude, fue llamar a casa. No es una llamada de la que me sienta orgulloso, no fui capaz de ser fuerte. Después llamé al jefe de escolta que había recomendado mi ingreso allí.

—No sabes lo que has decidido. Sácame de aquí. Sácame de

aquí —le dije, con la voz rota—. Yo aquí no voy a aguantar. No voy a poder. Estoy solo, completamente solo. Con mi forma de ser… así, solo… no puedo.

Él intentó calmarme:

—Que sí, Iñaki, que sí. Ya verás que te acostumbras. Es lo mejor para ti. Aguanta.

Yo no me veía capaz de aguantar. De ninguna de las maneras.

Miraba cada rincón, cada pared, cada sombra del módulo vacío, y solo podía pensar: aquí. Aquí es donde voy a estar. Solo.

Y eso que entraba con la pequeña ilusión —o más bien la fantasía— de que quizá Mario me sacaría pronto. Que tal vez serían unos meses. Esa esperanza absurda era lo único que tenía… y ni eso me consolaba.

Porque no, no podía. No lo veía posible.

Ni unos meses.

Ni unas semanas.

Ni unas horas.

Mi único pensamiento, en un bucle enloquecido, era: *Dios mío… ¿Cómo voy a salir de esta?*

Durante los días siguientes no tuve más remedio que comenzar a asumir la terrible realidad. Ya no podía cambiar nada. Ya no quedaba nada por hacer. Aquello que había intentado evitar durante siete años había llegado, y ya no había vuelta atrás. Se había terminado esa etapa extenuante de defensa, de acciones frenéticas, de lucha diaria, de explicaciones infinitas… y empezaba otra completamente distinta: una muy larga, silenciosa y profundamente solitaria.

Y sentí que me **derrumbaba**.

Tres meses de oscuridad

Los primeros tres meses… no los gestioné bien. Puse todo de mi parte en intentar mantenerme lo más entero posible, pero no conseguía resultados. Entré en un bucle negativo del que no era capaz de salir. Y sé que preocupé mucho a las personas que estaban fuera, que sufrían al verme así. Me costó más tiempo del que imaginaba reaccionar, empezar a cuidarme, afrontar la situación con un mínimo de templanza, de orden, de luz.

Lloré mucho.

Muchísimo.

Cuando no comprendes del todo cómo has llegado hasta allí, cuando repasas una y otra vez todo el proceso que te ha conducido a ese lugar, buscando respuestas en el pasado, explicaciones que te hagan entender un presente incomprensible… no te queda otra cosa que llorar. No estaba aún preparado para buscar las respuestas en el lugar adecuado. No tenía ni idea de cómo revertir aquella situación y convertirla en algo que pudiera hacerme crecer. Yo solo veía un castigo, un castigo injusto, desmedido.

Un doble castigo.

Esto es algo que siempre he dicho. Y aunque más tarde sí que fui capaz de convertir esas condiciones en una oportunidad, el hecho incontestable sigue ahí. A mí se me aplicó un doble castigo. La privación de libertad. Y la soledad.

La soledad más absoluta.

Y esa soledad, en los primeros tiempos, me rompió. Era como otra prisión dentro de la prisión. Un páramo interminable de horas y más horas por delante, conmigo mismo, sin casi comunicación con nadie, salvo los funcionarios que entraban y salían del módulo. Un silencio que pesaba toneladas. Una quietud que asfixiaba.

Debo hacer un inciso para reconocer que, dentro de todo aquel escenario tan devastador, tuve suerte con los funcionarios que me atendieron. Se portaron conmigo de una forma muy humana. Intentaron, dentro de sus limitadas posibilidades, hacerme aquella doble sentencia un poco más llevadera.

Creo que entendían perfectamente mi situación. No solo la pérdida de libertad, sino también la pérdida absoluta de comunicación, de contacto humano. Percibían el aislamiento brutal al que estaba sometido. Y fueron personas que me hicieron la vida más soportable. Eso lo tengo que decir con gratitud.

Cuando alguno se iba de vacaciones —en verano, en Navidad—, yo lo notaba mucho. Los echaba de menos. Porque aquellas breves conversaciones del día a día eran una bocanada de oxígeno. Eran pequeños momentos que me daban la vida. Que me ayudaban a sobrellevar ese aislamiento que me estaba destrozando por dentro.

Y no solo me refiero a los funcionarios de vigilancia, que eran con quienes más contacto tenía. También estaban el administrador, la psicóloga, los médicos, las enfermeras, cualquier profesional que pasara por allí… Con cada uno de ellos podía tener una mínima interacción. Unas cuantas frases, aunque fuera sobre algo sin importancia. Algo que me recordara que el mundo seguía existiendo fuera de aquellas cuatro paredes.

La necesidad de cruzar una palabra con otro ser humano era, en aquellos días, casi tan imperiosa como la de respirar. Por supuesto, las llamadas y visitas de mi familia o de mis amigos eran oro puro para mí. Pero estaban muy limitadas.

Eran muy pocas. Los fines de semana, no siempre, había un locutorio, unos cuarenta minutos. Y luego estaban los vis a vis, que se clasificaban en familiares o íntimos… aunque, en mi caso, todos acabaron convertidos en «familiares» por pura necesidad emocional.

Yo vengo de una familia grande, y eso, que siempre había sido una bendición, allí dentro se convertía también en una renuncia: no todos podían venir. Había que priorizar. Para mí era clarísimo: lo primero, mis hijos y Cristina, mi madre y mis hermanos. Si podían venir ellos, todo lo demás quedaba en segundo plano. Eran visitas contadas y había que administrarlas casi como si fueran gotas de agua en un desierto.

Eso dejaba muy poco lugar para los amigos, que solo conseguían venir de tanto en tanto. Por suerte, las visitas de los abogados se rigen por un régimen distinto, así que los locutorios con Mario, que venía cada quince días —turnándose con Ramón, otro abogado del equipo legal— para mantenerme al tanto de sus acciones legales, además de ofrecerme su impagable apoyo sin fallar ni un solo día en todo aquel tiempo, no entraban en el registro de mis visitas personales.

Quiero hacer un pequeño inciso para dar el reconocimiento que se merecen a mi hermana Ana y a Cristina por el trabajo ímprobo que realizaron al gestionar el tema de la agenda de visitas. Todos los papeleos administrativos, los permisos, la coordinación de las agendas de todos, los contactos, la organización… que todo el mundo pudiera venir a verme, que no quedara jamás un solo hueco sin llenar. Parece una tarea sencilla, pero no lo fue, y sé que se dedicaron a ella sabiendo que para mí era la vida.

Y quiero también agradecer especialmente a dos personas de la familia de Cristina el hecho de que formaran parte de esas visitas.

Su hermana, doña Elena, y su prima, doña Cristina Borbón Dos Sicilias, acudieron regularmente a prisión para ofrecerme apoyo, compañía y palabras de ánimo durante todo mi tiempo de condena. Ellas son, junto a doña Sofía, esa parte de la familia real que intentó sostenerme de la mejor forma que estaba en sus manos, algo que siempre aprecié y que siempre apreciaré por lo mucho que significó para mí.

Mi familia me llevó muchas fotografías. La celda y la sala acabaron empapeladas literalmente. Pedí permiso para colgarlas y me lo concedieron.

Miraras donde mirases —y teniendo en cuenta que lo demás era cemento gris— siempre había un rostro, un momento, un abrazo congelado en una imagen. Mi familia. Mis hijos. Cristina. Mis hermanos. Mis amigos.

No era lo mismo que el contacto humano. Pero ayudaba un poco.

Tenía derecho a diez llamadas por semana, de siete minutos cada una. Diez llamadas de siete minutos. Eso significaba una al día… y el fin de semana, que siempre era más duro, te quedaban tres más para repartir como pudieras.

Y no se podía llamar a cualquiera.

Al ingresar debes entregar una lista de números permitidos, y la cabina está programada solo para esos. No existe la posibilidad de improvisar una llamada ni de marcar un número nuevo porque lo necesitas. Todo está filtrado.

Diez números. Diez voces posibles. Diez ventanas diminutas al mundo exterior.

Las visitas con el reloj clavado en el corazón contando los minutos.

Las fotos.

Los funcionarios.

Esos eran los finos hilos que me conectaban con el mundo.

Los asideros

Cuando te estás ahogando, buscas desesperadamente algo a lo que agarrarte. Lo que sea.

Pero en aquellos primeros meses, a mí me costó encontrar asideros que no se deshicieran como cenizas entre las manos.

No tenía ánimo para nada.

Aun así, yo intenté estar mejor, lo intenté de verdad. Escribí una lista de buenos propósitos, frases inspiradoras para motivarme... pero no supe llevar nada de eso a la práctica. Lloraba casi cada día. Y me sentía profundamente culpable, porque sabía que estaba preocupando a los de fuera. El mantra que les había inculcado a mis hijos me resonaba continuamente en la cabeza: «Si los de fuera están bien, yo también estoy bien...». Pero, obviamente, debía funcionar también en el otro sentido: «Si yo estoy bien, ellos también lo están». Y como he dicho, yo no conseguía poner siempre en práctica mis buenos propósitos. En aquellos días yo no supe hacerlo bien, y cuanto más veía sufrir a los míos, peor me sentía yo... y no tenía fuerza para romper ese círculo.

Fueron tres meses en los que básicamente me dejé enterrar bajo mi pena, mi soledad, mi tristeza.

Me sentía suspendido en un limbo, fuera del mundo, fuera de la vida. La mente se iba siempre hacia el mismo sitio: mis hijos, Cristina, mi madre. Los míos. Esa preocupación constante convivía con un sentimiento enorme de culpa por no estar a su lado, por no poder protegerlos, por no poder reaccionar y hacerles las cosas más fáciles.

Cuando estás allí dentro, tienes la sensación de que has desaparecido del mundo. Y cuando salí —cuando pude ver todo con cierta distancia— me golpeó una verdad que duele aceptar: ¿quién se acuerda hoy de las personas que siguen en prisión? Yo, el primero. Aquellas mujeres siguen allí dentro. ¿Cuántas veces pienso en ellas hoy? Muy pocas. Y es duro admitirlo.

Y cuando yo estaba dentro, ¿quién se acordaba de mí?

Mis seres queridos, por supuesto. Pero una vez el foco mediático desaparece, la vida de los demás continúa. El mundo sigue rodando, pero sin ti. Te vuelves invisible. Es una sensación muy extraña, casi irreal.

¿De dónde empecé a sacar fuerzas?

¿Cuáles fueron esos asideros que poco a poco mis dedos empezaron a agarrar, permitiéndome —por fin— sacar la cabeza y tomar alguna bocanada de aire?

Por supuesto, los seres queridos fueron la primera fuerza —la más decisiva— que, inevitablemente, acabó por despertarme.

El amor es una energía muy poderosa. Venían a verme la familia, los amigos… y aunque al principio me costaba escuchar sus palabras de ánimo —me resbalaban como gotas de lluvia contra un cristal—, al final fueron calando. Muy despacio. Pero hondo.

También me ayudó mucho el construir pequeñas rutinas, organizar las largas horas de la jornada con una planificación que, casi sin darme cuenta, fue asentando mi espíritu en la aceptación y, más adelante, en las ganas de mejorar.

Rutinas y deporte

Mi día a día estaba determinado por los ritmos de la prisión. Como he dicho, era una cárcel de mujeres, así que yo no podía cruzarme con nadie ni tenía actividades programadas como podían tener ellas. Me levantaba hacia las ocho y media, como el resto. Desayunaba. Y después, hasta las tres de la tarde, debía permanecer en mi módulo.

Más adelante —cuando pasaron los primeros tres meses y decidí reaccionar, cuando entendí que no podía abandonarme y que tenía que vivir aquello como una oportunidad para aprender y evolucionar— empecé a llenar esas horas de forma más rigurosa y ordenada.

Por la mañana, hasta las tres, podía pasear por el patio, estudiar, trabajar... y eso, al final, fue lo que más hice.

A las tres me iba al polideportivo a hacer algo de deporte. O lo hacía en el propio módulo, cuando por fin —como un pequeño milagro— me autorizaron una bicicleta estática. Tuve la suerte de que el juez de vigilancia penitenciaria aprobara aquella petición. Vio mis condiciones. Entendió que aquel aislamiento requería alguna válvula de escape. Se lo agradecí profundamente.

Entrenaba de tres a cinco. Cuando hacía buen tiempo, como la bicicleta tenía ruedas, me la llevaba de un rincón a otro del patio, intentando, aunque fuera mínimamente, cambiar de escenario dentro de aquel mundo tan reducido. Ávila es un lugar muy frío, así que aquello solo era posible en los meses de verano.

Y con la bici creé una rutina de entrenamientos distintos: unos días con música, otros sin ella, intervalos cortos, largos, me inventaba puertos, contra relojes..., cualquier variación servía para engañar un poco al tiempo, para que las horas no se amontonaran como losas sobre mi ánimo.

Sin duda, el deporte fue otra de las cuerdas que me ayudó a salir de aquel pozo. No solo la bicicleta. También podía ir a las pesas del polideportivo, que aunque eran muy sencillas, me adaptaba como podía. O tiraba yo solo algunos goles a puerta con una pelota de balonmano que me regaló mi amigo David Barrufet en una de sus visitas.

La cogía, la sopesaba entre las manos, como si volviera a sentir la memoria del juego. Y casi podía creer que estaba en otra parte, en otro tiempo… como si aquella pelota perforara, aunque fuera por un instante, los muros de la prisión.

El deporte se convirtió en una de mis medicinas. El ejercicio era mi válvula de escape. Mi manera de llegar a la noche cansado —esa era la clave—, agotado físicamente para no ser devorado por la angustia.

Sin él, no habría podido salir adelante.

Recuerdo que recorrí mi patio de 27 × 8 metros de todas las formas posibles: hacía recorridos largos, anchos, en un sentido, en otro, en una dirección, en otra… intentando que cada paseo fuera diferente, buscando romper de alguna forma con la angustiosa sensación de que el tiempo, allí dentro, se había detenido.

Y después de hacer deporte, a las cinco, comía. ¿Por qué a esa hora? Porque la tarde se hacía interminable. Y prefería situar la comida ahí, como quien encuentra un espolón en mitad de una escarpada pared para descansar. Después retomaba alguna actividad, algo de lectura, ya fueran novelas o periódicos, escribir alguna carta… y así, casi sin darme cuenta, llegaban las ocho, las ocho y media, con un poco más de rapidez.

Era muy duro. Mucho. Pero de algún modo, en lo más profundo de mi ánimo, un pequeño rescoldo comenzaba a brillar, muy tímidamente, entre tanta oscuridad.

Las cartas

Otra de las cosas que avivaron ese rescoldo fueron las cartas. Llegaban de amigos y familiares que sabían que las visitas eran escasas... pero también —y esto me sorprendió profundamente— de desconocidos. No daba crédito a la cantidad de gente capaz de empatizar conmigo sin conocerme, dispuesta a tenderme una mano desde fuera. Aún hoy recuerdo nombres que me acompañaron durante meses:

María Teresa Català, de Tarragona.

Ander, de Bilbao.

Joaquín, de Madrid...

Personas que, semana tras semana, enviaban no una hoja, sino cinco o seis páginas llenas de ánimos, de reflexiones, de humor. Me mandaban libros, revistas, estampas, rosarios, crucifijos, cuadernos, sobres, por si acaso me quedaba sin papel... pequeños gestos que, allí dentro, tenían la magnitud de un abrazo.

Para mí aquello era maravilloso. Maravilloso de verdad. Fueron de una gran ayuda. Porque cuando estás dentro, una de las sensaciones más duras —ya lo he contado— es esa especie de desvanecimiento. Como si el mundo siguiera rodando, pero tú hubieras dejado de existir para él.

Y, de repente, esas cartas, ese puñado de voces desconocidas, venían a decirme: «No te has borrado. No estás solo. Seguimos aquí».

Las cartas que yo escribía a mis hijos me ayudaban también mucho. Folios en los que les reafirmaba mi amor, el de su madre, en los que les recordaba que ellos eran nuestra máxima responsabilidad, en los que repasaba los mantras que nos debían mantener unidos. No esperaba respuesta, solo necesitaba saber que ellos las iban a leer y releer, como me contaban cuando venían a verme, porque, según sus palabras, es lo que tenían para sentirme cerca.

Gracias a todas estas cartas —y a las visitas cuando podían darse— pude aferrarme de nuevo a ese fino cable que me unía con la humanidad y que en los primeros tiempos en prisión, por algunos oscuros instantes, llegué a creer perdido.

Escribir, leer... estudiar

Una de las recomendaciones que recibí desde el principio —sobre todo de los funcionarios, que fueron testigos de primera mano de mi derrumbe— fue muy sencilla: escribe.

—Escríbelo todo. Lo que sea. Lo que te venga a la cabeza —me decían.

Si te duele la cabeza, escríbelo.

Si te ha visitado un funcionario, escríbelo.

Si has recibido una carta, escríbelo.

Si has recordado algo malo, escríbelo.

Si has recordado algo bonito, también.

Y empecé a hacerles caso. Al principio, apenas eran notas sueltas en un cuaderno, líneas garabateadas sin fuerzas, sin propósito. Era más bien el gesto automático de alguien que intenta respirar bajo el agua.

Pero, poco a poco, sin darme cuenta, aquel primer cuaderno empezó a llenarse de reflexiones más ordenadas. Casi como un diario. Y cuando empecé a leer libros, empecé también a resumirlos. A copiar fragmentos. A hacer comentarios de texto. Empecé a sumar cuadernos. Se fueron convirtiendo en una especie de compañía. Una conversación conmigo mismo.

Hoy los conservo todos. Los releo muchas veces. A través de ellos veo a un Iñaki roto al principio. A un Iñaki que ya no está, que ya no soy yo... Y veo su proceso de reconstrucción, veo cómo se fue reensamblando pieza a pieza.

Y, en ese proceso, hubo una decisión fundamental. La más importante que tomé dentro de la prisión. La piedra angular de ese renacimiento que empezaría con más fuerza y eficacia a partir de entonces.

Yo ya lo estaba viendo claro: no podía seguir así. No podía seguir hundiéndome en aquel cúmulo de emociones que me estaban desbordando. Tenía que hacer algo con ellas. Aprender a entenderlas. A gestionarlas.

Fue entonces cuando pedí hacer un curso de bienestar emocional que también me habían recomendado algunos funcionarios.

Un curso hecho íntegramente en papel, como en el colegio: libro gordo, lápiz, apuntes, resúmenes, exámenes. Escuela INESEM. Nada *online*, por razones obvias.

Y me volqué.

Todo lo que iba aprendiendo, todas las herramientas que descubría, me las aplicaba a mí mismo. Cuando una emoción me desbordaba, no intentaba huir de ella o negarla. La miraba de frente, intentaba entender su origen. Por ejemplo, si estaba triste me preguntaba por qué, cuál era la raíz de mi dolor:

—Estoy triste porque he perdido la libertad, he perdido la compañía diaria de mis hijos, he perdido mis proyectos, mi propósito en la vida... —me respondía.

Vale, pero ¿qué puedo hacer respecto a eso? La respuesta respecto a las pérdidas casi siempre era: nada. Pero, entonces, me hacía la pregunta correcta: ¿Y qué puedo hacer para gestionar mi tristeza, para estar menos triste?

Ahí empezaban a llegar las posibilidades. Pues puedo hacer esto o aquello…

Ese cambio de marco mental fue una auténtica revolución interior. Por primera vez entendí algo que debería enseñarse a todo el mundo desde niños: no siempre puedes elegir lo que te pasa, pero siempre puedes elegir cómo te relacionas con ello.

A partir de ahí comenzaron a llegar palabras nuevas a mi vida: «*mindfulness*», «meditación», «yoga», «aceptación», «resiliencia», «gestión emocional». Pedí libros sobre esos temas. Mi familia, mis amigos, incluso desconocidos, me los enviaban generosamente.

Una nueva perspectiva se iba abriendo camino en mi mente, una que no dejaba de crecer y que me acompañaría para siempre.

Las emociones no son enemigas a las que derrotar, sino señales que hay que aprender a interpretar. Nombrarlas, entender su origen, decidir qué hacer con ellas… Ahí reside el germen del cambio, la verdadera energía de transformación, el único camino hacia la libertad.

Porque cuando casi todo afuera es oscuridad, solo queda un lugar donde encontrar la luz necesaria para avanzar: dentro de uno mismo.

Capítulo 10

La última de las libertades

Una vez superé aquel derrumbe inicial y comencé a sentirme más entero, más centrado, me enfoqué en una pregunta sencilla pero poderosa que ocupaba todo mi horizonte: ¿y ahora qué?

Lo había perdido prácticamente todo. Pero había sobrevivido al impacto. Y aún me quedaba una oportunidad para reinventarme. Quizá por primera vez en mi vida tenía el tiempo, el silencio y la perspectiva necesarios para hacerlo.

La experiencia de estudiar, adquirir conocimientos nuevos y experimentarlos en mí mismo, me «enganchó». No solo porque aquellas herramientas, objetivamente, me hacían sentir mucho mejor, sino porque, además, el estudio se convirtió en una tabla de salvación física y mental. Me exigía, me cansaba, me estructuraba. Me reconectaba con algo parecido al orgullo. Después de la caída inicial, encontrar aquel ritmo fue mi primer gesto de verdadera victoria. Y, sobre todo, entendía cada vez con más claridad que todo lo aprendido podría transformarlo en algo útil el día en que recuperara la libertad exterior (porque la interior, la última de las libertades, la de decidir cómo relacionarme con mis circunstancias, ya la estaba conquistando).

Entendí que podría ayudar a otros con mi experiencia.

Me matriculé en el Máster de Psicología del Coaching en la UNED que podía cursarse íntegramente desde la cárcel. A la vez, decidí sacarme el título de entrenador nacional de balonmano, nivel 3. La federación tuvo la generosidad de enviarme todos los materiales, y yo hacía los exámenes a mano, como un estudiante de la vieja escuela, enviándolos por correo.

Ese título había sido siempre un asunto pendiente. Durante años lo había pospuesto. «Algún día», pensaba. Bueno... ese «algún día» había llegado en el lugar más insospechado. Y seguido de otros 999.

Tenía muchos días por delante a mi disposición.

Un tiempo que podía percibirse como una eternidad.

Una eternidad que, bien aprovechada, también podía convertirse en un regalo.

En mi mente, transformé Brieva en un monasterio, y así comencé a llamarlo. «Estoy en el monasterio de Brieva», decía. Lugar de estudio, introspección y autoconocimiento.

Como he dicho antes, empecé a mirarme con honestidad. A hacerme preguntas cada vez más difíciles. Dejé de mirar fuera en busca de culpables y comencé a observar lo que yo sí podía haber hecho, lo que no comprendí a tiempo, lo que ahora estaba dispuesto a cambiar.

Quizá uno de los sentimientos más difíciles de gestionar fue el rencor. Al principio estaba ahí, incrustado como una astilla bajo una uña. Cuando te ves golpeado por situaciones que consideras injustas, cuando sientes que la vida te ha arrebatado demasiado, es fácil que aparezca ese resentimiento que te consume sin remedio. Es humano.

Con el tiempo entendí que el rencor no sirve para nada. No repara ninguna pérdida. No te consuela ni te hace sentir mejor. Solo te resta energía y te encierra aún más en ti mismo. El rencor era otra celda dentro de la celda que no me dejaba desarrollarme ni reconstruirme.

Asumí mis errores —los que fueron míos— y también acepté que había asumido muchos ajenos.

Lo acepté. Lo acepto. Es parte de mi historia.

Y nunca voy a reclamar las corresponsabilidades que considero justas. Ese momento ya pasó. Y la vida que me queda es demasiado corta, demasiado valiosa, para malgastarla buscando un ajuste de cuentas que no me devolvería nada, que no me enseñaría nada, que solo me mantendría encadenado a un pasado que ya no quiero habitar.

Hoy puedo decirlo con serenidad. Y con orgullo. El rencor se quedó dentro de aquella celda del monasterio de Brieva. Junto al antiguo Iñaki. Porque el nuevo eligió avanzar. Liberarse.

Evolucionar.

Parada en boxes

En la vida cotidiana, ¿cuándo tenemos realmente tiempo para parar? Parar de verdad. Pensar. Preguntarnos. Comprendernos. Entender por qué y para qué estamos haciendo las cosas. Encontrar un propósito a nuestro quehacer diario.

Nuestros coches los llevamos al taller cada cierto tiempo. Los dejamos allí horas, días si hace falta, para que los revisen, los ajusten, los pongan a punto. Pero a nosotros mismos… ¿cuándo nos llevamos al taller?

¿Cuándo nos concedemos ese tiempo para mirarnos por dentro, para escuchar lo que no funciona, para revisar el motor de nuestras acciones, para reponer lo que necesitamos, lo que deseamos, lo que nos pide el alma? A no ser que la vida te traiga un problema realmente grave, como una enfermedad, una pérdida, en mi caso, la cárcel, vivimos sin detenernos. Vivimos como si fuéramos menos importantes que un coche.

Mi estancia en prisión me regaló algo que quizá nunca me habría permitido fuera: muchas horas en boxes. Conmigo. En silencio. Sin distracciones. Con tiempo.

Con ese tiempo que, en libertad, siempre falta y siempre aplazamos.

Ahora, en los procesos de *coaching*, a menudo les propongo a mis clientes algo que, a priori, puede parecer muy sencillo. Les digo: «Probad a estar en silencio».

Silencio real. Absoluto.

—Deja el móvil un día. Apaga el ordenador. Vete a una celda de Montserrat, solo, un día entero. Sin nada más que tus pensamientos.

Y siempre veo la misma expresión en sus caras: vértigo. Casi miedo.

«¿Qué voy a hacer tantas horas conmigo mismo? ¿En qué voy a pensar? ¿Cómo voy a estar desconectado del mundo tanto tiempo?».

Si eso asusta… imagina mil días.

No recomiendo, por supuesto, entrar en prisión para encontrar esa parada obligatoria. Pero sí creo que deberíamos aprender a construir esos espacios en nuestra vida cotidiana. Son esenciales. Y quizá yo no habría aprendido cómo hacerlos si la vida no me hubiese detenido a la fuerza.

En aquella celda, descubrí libros que, seguramente, jamás habría leído, autores que se convirtieron en queridos maestros, casi en amigos, voces que me acompañaron en las horas más oscuras. Me hablaron al corazón. Fueron mis faros, mis guías. Lo siguen siendo. Y pensar que podría haber pasado por este mundo sin saber de su existencia...

Ochenta y dos maestros

No puedo explicar todo lo que me aportaron aquellos libros. Leí más de ochenta durante mis tres años y pico en prisión. Algunos los leí y releí varias veces. No sé si es mucho o poco, tengo claro que hay personas que han leído muchos más libros en menos tiempo, pero sí sé que fueron una terapia inesperada para mi alma y el descubrimiento de un camino que ya no he podido abandonar. Cada uno fue una ventana hacia otros universos, pero también un puente hacia partes de mí que desconocía. Me impactaron de una forma tan profunda y tan duradera que, aún hoy, sigo hojeando los fragmentos que subrayé, repaso los análisis y resúmenes que hice en mis cuadernos, vuelvo a sus enseñanzas cuando me tambaleo y encuentro nuevas resonancias en cada relectura.

Hace unos días escuché una anécdota sobre el famoso actor Anthony Hopkins que no conocía, y que de inmediato me recordó algo muy curioso que me sucedía con los libros allí dentro. La anécdota dice así: Hopkins estaba en Londres buscando un ejemplar de *La chica de Petrovka*, porque quería documentarse para la adaptación cinematográfica de este libro que estaba a punto de rodar como protagonista. Lo buscó por toda la ciudad, en todas las librerías, grandes y pequeñas, sin éxito. Estaba descatalogado. Exhausto, se rindió y se fue a casa en metro.

Y allí, en un banco del andén, vio un libro olvidado por alguien. Se acercó. Era un ejemplar de *La chica de Petrovka*. Como caído del cielo.

Tiempo después, tuvo ocasión de conocer al autor de la novela. Y al contarle esta anécdota, el escritor lo miró asombrado. Él había perdido su ejemplar personal del libro, precisamente en Londres y por aquella época. Cuando Hopkins le mostró el libro que había encontrado en el metro, resultó que era ese. Propiedad del mismo autor.

Esa historia me transportó inmediatamente a lo que me pasaba con los libros en prisión. Siempre llegaba el libro adecuado en el momento exacto.

Cuando tenía un bache concreto, cuando una emoción se me enquistaba, cuando no encontraba salida a un pensamiento oscuro... de pronto aparecía un libro con la enseñanza precisa. Una frase. Un capítulo. Una idea que abría una grieta de luz.

A veces, alguien me enviaba un libro y no me apetecía leerlo. Lo dejaba a un lado. Pasaban los días... y entonces otra persona me lo mandaba. Y quizá otra me lo recomendaba. Me aparecía una cita de este libro en otro... Era como si el universo insistiera: «Lee esto. Lo necesitas». Y cuando, al fin, lo abría, lo entendía.

Allí estaba exactamente lo que llevaba días buscando sin saberlo.

Reconozco que yo estaba sediento de aprender. Tenía una curiosidad insaciable. Creo que yo llamaba a aquellos libros... y ellos me llamaban a mí.

Y es que esa frase tan conocida de la sabiduría oriental —«el maestro aparece cuando el alumno está preparado»— nunca ha sido para mí tan verdadera como lo fue en prisión.

Son muchos los libros que podría nombrar, y seguro que me dejaré algunos que fueron importantes para mí en su momento, pero estos son los que ahora me vienen a la memoria con más fuerza, y que quiero compartir con vosotros.

No todos aquellos compañeros indispensables cumplían la misma función. Por las tardes, cuando el día ya se había hecho muy largo, las tareas estaban completadas y la mente necesitaba escapar, buscaba lecturas para evadirme, para viajar lejos de aquellos muros. Ahí estuvieron *El olvido que seremos*, de Héctor Abad Faciolince, que me atravesó por su humanidad; *Patria*, de Fernando Aramburu, tan dolorosamente cercana; *Polo Sur*, de Roald Amundsen, una lección de resistencia en condiciones extremas; *Cervantes para cabras, Marx para ovejas*, de Pablo Santiago Chiquero, que me hizo pensar y sonreír a la vez, y, muy especialmente, la obra de Henning Mankell, que me acompañó durante semanas: *Zapatos italianos, Botas de lluvia suecas, La ira del fuego*... Todo Mankell me encantó.

Hubo otras lecturas, sin embargo, mucho más profundas, destinadas a entender el dolor y a reconstruirme desde dentro. Ahí estuvieron el Evangelio y el Magníficat, como refugio espiritual; *El hombre en busca de sentido*, de Viktor Frankl, que relativizó mi calvario y me enseñó que siempre queda la libertad de elegir la actitud; *El camino de la vida*, de León Tolstói; *De Profundis*, de Oscar Wilde, escrito desde una cárcel que sentía muy cercana; *Biografía del silencio*, de Pablo d'Ors, que me reconcilió con la quietud; *El poder del ahora*, de Eckhart Tolle; *La brújula interior*, de Álex Rovira; *Vivir con plenitud las crisis*, de Jon Kabat-Zinn, y *Meditar día a día*, de Christophe André. Libros que no solo leí, sino que subrayé, resumí y releí una y otra vez.

Y, por supuesto, estaban las lecturas orientadas al futuro, a la formación y a la reconstrucción profesional, aquellas que me ayudaron a imaginar quién quería ser cuando saliera y a entender las herramientas que iba a necesitar. *La empresa consciente*, de Fred Kofman; *The 9 Disciplines of a Facilitator*, de Jenkins & Jenkins; *Los dones de la imperfección*, de Brené Brown; *Ikigai*, de Héctor García y Francesc Miralles; *The Goal*, de Eliyahu M. Goldratt; *Leadership and Self-Deception*, del Arbinger Institute; *El arte de pensar*, de José Carlos Ruiz, y *Poder sin límites*, de Tony Robbins.

Cada uno de estos libros, y muchos otros, fueron una pieza más en mi evolución: mi propósito de vida se iba construyendo a través de aquellas lecturas, de mis reflexiones, de mis anotaciones en los cuadernos que siempre tenía cerca.

Siete cuadernos

De vez en cuando sigo repasando esos cuadernos que durante tantos meses fueron mi fiel compañía, y me pasa algo similar con los libros, siempre me salta a los ojos la cita perfecta que da la clave que estaba buscando: algunas son fragmentos o frases copiados de mis lecturas, otras son reflexiones dichas por amigos, personajes famosos o cualquiera que en aquel momento hubiera tenido una conversación conmigo que me hubiera tocado el corazón. Aquello que me pellizcaba el alma, lo apuntaba.

Aún conservo todos esos cuadernos. Están algo erosionados por el uso, alguna esquina un poco ajada, pero los cuido con el mismo cariño con el que uno guardaría una reliquia. Contienen un milagro. El renacimiento de un hombre que lo había perdido todo.

Los abro hoy, ahora, al azar, sin fijarme por dónde, y las palabras me encuentran de nuevo. Certeras. Llenas de luz. Permitidme que comparta con vosotros algunas de esas citas que, en los días más oscuros, me dieron fuerza, entendimiento y esperanza.

«Cuando eres útil, eres feliz».

JUAN ANTONIO MELÉ

«He entendido tarde que algunos enemigos se hacen pasar por amigos».

PLÁCIDO DOMINGO

«El verdadero amor es poner los problemas de los demás por delante de los míos».

DON SERAFÍN (CAPELLÁN DE LA CASA REAL)

«La vida cambia con un plan».

JOSÉ CAVANNA

«A la alegría, cuando se presente, debemos abrirle de par en par todas las puertas, porque nunca llega a destiempo».

ARTHUR SCHOPENHAUER

«Si no puedes hacer lo que quieres, no es razón para que no quieras hacer todo lo que puedes».

SAN AGUSTÍN

«Los pies en la tierra y la mirada al cielo. Alimenta los pensamientos que te dan alas y descarta los que te hunden en la tristeza».

JOAQUÍN TAMAMES

«Me aferro a mí, con alta estima, y me valoro por encima de las cosas que me ocurran con la gente».

EULALIA (amiga)

«Todo acaba bien; si va mal, es que todavía no ha terminado».

JAVIER CHÉRCOLES

«La vida pagará el precio que tú le pidas».

AFORISMO ATRIBUIDO A LA TRADICIÓN ESTOICA

«La palabra que digas será la que oirás».

MÁXIMA GRIEGA

«Trata de dirigir tus estados de ánimo y dominar tus comportamientos».

ANOTACIÓN PERSONAL

«La felicidad son otros bienes, no los materiales: tranquilidad, tiempo, energía física, amistad, buena compañía, salud, proyectos de vida, tareas que nos apasionen… aquí y ahora, día a día».

ÁLEX ROVIRA

«El verdadero amor no es otra cosa que el deseo inevitable de ayudar al otro a ser quien es».

ANTOINE DE SAINT-EXUPÉRY

«Para dejar de sufrir hay que actuar. La frase "el tiempo lo cura todo" es falsa. Lo que cura es la actitud que tomas ante lo que la vida te pone delante».

Anotación personal

«En las buenas amistades, lo importante no es saber cómo empiezan, sino tener la certeza de que no terminarán nunca».

Gabriel García Márquez

«La alegría hay que buscarla en el viaje, en la lucha, en el esfuerzo, en el sufrimiento que supone la lucha, y no en la victoria misma».

Indira Gandhi

Las palabras no son solo palabras. Son semillas. Son brújulas. Pueden ser armas destructivas, pero también energía transformadora. Las palabras adecuadas crean pensamientos positivos, y estos pensamientos son los que cambian tus emociones y, finalmente, esas emociones son las que reconfiguran toda tu realidad.

Más allá de los muros

Se tardó mucho en otorgarme los siguientes grados de libertad. Mucho más de lo razonable. Y no encuentro otra explicación que el empeño en que mi condena fuera ejemplar, que no quedara la más mínima duda de que la estaba cumpliendo íntegramente, sin atajos, sin lo que algunos llamarían «privilegios», aunque yo jamás pedí ninguno.

No pedía excepciones. Pedía derechos recogidos en la ley penitenciaria, derechos para los que cumplía sobradamente todos los requisitos, pero que una y otra vez me eran denegados. Hay un hecho muy claro que demuestra esto que estoy contando.

En los centros penitenciarios, la Junta de Tratamiento es un órgano colegiado presidido por el director de la prisión e integrado por otros funcionarios, como psicólogos, educadores sociales, médicos... Son ellos quienes valoran el progreso del interno, diseñan los programas de tratamiento, supervisan su cumplimiento y deciden cuestiones tan relevantes como los permisos, los cambios de grado o la adecuación al régimen abierto.

A los seis meses —el plazo mínimo para poder hacerlo—, solicité acogerme al artículo 117, que permitía dos salidas semanales para realizar un programa de voluntariado. Era un paso pequeño, pero un paso al fin y al cabo; el inicio de un itinerario que, si todo iba bien, me daría la posibilidad de escalar a grados progresivamente más flexibles, siempre que la ley lo estipulara y yo cumpliera con los méritos y condiciones requeridas.

Y, sin embargo, me lo denegaron.

Fue un duro golpe, no me lo esperaba. Los miembros de la Junta de Tratamiento con quienes tenía un trato más cercano me habían asegurado que votarían a favor. Conocían mi evolución, mi conducta impecable. Yo tenía mi celda impoluta, limpiaba todo el pabellón, incluso la sala de los funcionarios, me prestaba voluntario para todas las tareas, acataba con absoluta implicación todos los programas. Había hecho mis cálculos y estaba seguro de contar con los votos necesarios. Pero no me esperaba en ningún momento lo que iba a suceder.

La directora de la prisión, que llevaba meses de baja por maternidad, se presentó de forma expresa aquel día, exclusivamente para participar en la votación. Su voto valía doble. Y votó en contra.

No había ninguna razón que justificara su presencia inesperada ni su voto negativo. Solo se podía interpretar de una manera: alguien, desde arriba, había decidido que yo no podía progresar. Que mi condena debía ser ejemplar.

Y así fue durante los meses siguientes. A cada nuevo periodo de revisión, una nueva negativa. Hasta que finalmente terminé accediendo al permiso para salir dos días a la semana, según el artículo 117..., pero solo después de un año y medio encerrado entre los muros de Brieva.

Me permitieron ir dos días a la semana al centro Don Orione, en Madrid, un centro especializado en la atención integral a personas con discapacidad intelectual y alta dependencia. Para mí, aquellas cinco o seis horas eran oxígeno puro. Aquella experiencia me enseñó muchas cosas, descubrí una nueva empatía, la sencilla felicidad de ser útil a personas que tanto necesitan, la resiliencia del ser humano, que es capaz de regalarte una sonrisa sincera en la peor de las circunstancias. Fue un aprendizaje de humildad, generosidad y profundo agradecimiento por las cosas sencillas de la vida. Estoy convencido de que tanto los residentes como el personal del centro me dieron mucho más de lo que yo pude darles a ellos.

Y, cómo no, supuso un soplo de libertad después de dos años y medio viendo tan solo muro tras muro.

Recuerdo perfectamente el primer día que hice el trayecto desde Brieva hasta Madrid. Viajaba en el coche de la escolta que tenía autorización para trasladarme desde la prisión al centro. Y durante el camino, mirando por la ventanilla, pude empaparme de algo que no había tenido en mucho tiempo: la profundidad de las vistas.

Después de tantos meses chocando contra el cemento allá donde mirase, la visión de los árboles, la hierba, el horizonte, las sombras alargándose sobre la carretera... fue una experiencia inolvidable. Respiraba hondo, como si quisiera meterme el cielo entero en los pulmones.

Estuve aproximadamente un año en ese régimen, yendo dos días a Madrid. Llegaba a Don Orione a las nueve de la mañana y regresaba a la cárcel a las cinco de la tarde. Y aunque a esa hora volvía a entrar entre los muros, la tarde ya no era tan interminable. Siempre quedaba algo por hacer, algún pequeño ritual para cerrar el día y después la llamada de las ocho —ese momento tan esperado—, la cena y, finalmente, el sueño.

Entonces, llegó la pandemia. Y el primer confinamiento en marzo del 2020.

Cuando tienes un porqué, encuentras el cómo

De un día para otro, todo se paralizó. Se suspendieron mis salidas. Pero también las visitas. De todo tipo. Mi aislamiento se volvió más severo que nunca. Los funcionarios, como todos, tenían miedo al contagio; y aunque yo difícilmente podía contagiar a nadie, las medidas fueron igual de estrictas.

Supuso un duro golpe. Otro. Especialmente devastador. No solo por la tristeza de la situación global, por el miedo hacia mis seres queridos, por las trágicas noticias que no dejaban de llegar del exterior. También porque aquella nueva y aún más terrible soledad me pilló cansado. Yo estaba agotado, física y emocionalmente. Reconozco que flaqueé.

Aunque, por suerte, y a diferencia de mis primeros tiempos en la cárcel, ahora tenía algo que antes no había tenido. Había comenzado a diseñar la que quería que fuera mi vida al salir. Había descubierto a lo que quería dedicarme. La persona en la que quería convertirme.

Tenía un propósito.

Y como decía Nietzsche: «Cuando tienes un porqué para vivir, encuentras casi siempre un cómo».

Y, poco a poco, incluso aquello pasó.

Superada la pandemia, la Junta de Tratamiento me comunicó que podía acceder a un régimen penitenciario más flexible, de libertad controlada. Me autorizaron a acudir cinco días a la semana a Don Orione, pero tenía que dormir en el Centro de Inserción Social de Alcalá de Henares.

El mundo entero iba regresando, poco a poco, a la llamada «nueva normalidad», y mi rutina de libertad limitada volvió a ponerse en marcha. Y con ella, también, la sensación —tímida, aún lejana, pero firme— de que se acercaba ya el final de aquel largo camino.

Seguidamente, en marzo de 2021, obtuve el tercer grado en Vitoria-Gasteiz, que duraría un año entero, hasta marzo de 2022. Durante ese periodo conocí a Santos, un abogado experto caído del cielo, que me acompañó en el proceso y me ofreció su inestimable amistad.

Para acceder al tercer grado se debían cumplir ciertos requisitos: tener un trabajo y una casa donde dormir habían sido hasta entonces los principales. Pero justo después de la pandemia se había implantado que era preciso también realizar un curso sobre delitos económicos, el curso PIDECO, para presos condenados por este tipo de cargos. Así que tuve que realizar ese curso de forma ejemplar durante el tercer grado en Vitoria, cuando podría haberlo hecho perfectamente estando aún en Brieva.

Lo seguí sin mayores problemas, pues el estudio se había convertido ya en una de mis rutinas más asumidas. Conseguí también los otros dos requisitos. El trabajo lo obtuve gracias a un empresario alavés, amigo mío, en una asesoría llamada Imaz y Asociados. Allí me puse a su disposición para asesorar en las materias que me solicitaron y también puse en marcha un pequeño departamento de *coaching*, orientado a acompañar a algunos de sus clientes, como directivos y empresas. La casa elegida para dormir fue la de mi madre. Por eso me trasladaron a la cárcel de Zaballa. Entre semana trabajaba en la asesoría y dormía en prisión; los viernes, en cambio, iba a dormir a casa de mi madre y tenía el fin de semana libre.

Ese año con ella —que ahora tiene noventa años— fue un regalo maravilloso. Con más de cincuenta años, volver a desayunar con mi madre, conversar sin prisas, compartir silencios, gestos de cariño... resultó algo profundamente reparador. Para mí, que la quiero como a nadie en este mundo, fue una experiencia preciosa.

Recuerdo, por supuesto, la primera noche que dormí en su casa. Lloré, los dos lloramos. Lloramos por lo perdido, por lo que ya no volvería, recordando siempre a mi padre... pero también lloramos de profunda alegría por lo que empezaba.

El Iñaki que salió de la cárcel no era el mismo que entró.

Ese otro Iñaki —el que despertó bajo el techo de su madre después de tanto tiempo encerrado— sabía finalmente quién era de verdad. Comprendía lo que había ocurrido, lo que le había llevado hasta allí y, sobre todo, lo que quería hacer con la vida que le quedaba por delante.

Había tenido mil días para pensar. Mil días que podrían haberme destruido. Pero que yo utilicé para evolucionar.

Y ese fue uno de los mayores aprendizajes de toda mi vida. Comprender que cualquier situación, por dura que sea, puede ser vista como una oportunidad de crecimiento. De evolución.

Que no podía elegir lo que me ocurría…, pero sí podía elegir quién era yo dentro de lo que me ocurría.

Que no podía elegir cuándo salir de aquella celda, pero sí cómo salir de ella.

Aprendizajes de esta etapa

Esta etapa de mi vida —la más dura— fue también, paradójicamente, la que más aprendizajes terminó por regalarme. Por supuesto, he recibido enseñanzas valiosas a lo largo de toda mi vida, de mis padres, del deporte o de las personas excepcionales que han marcado mi camino. Yo soy el resultado de todas ellas. Pero lo que aprendí en esta etapa supuso una transformación profunda, el germen de un renacimiento decisivo.

De esta etapa oscura, nació otro Iñaki. Y estos fueron algunos de los tesoros que encontré en la oscuridad:

Todas las emociones son maestras, sobre todo las que duelen

Las emociones que percibimos como negativas no son un fallo del sistema: son un radar, una alarma que señala oportunidades de crecimiento que, de otro modo, pasarían inadvertidas. Mirarlas de frente, ponerles nombre, entender su origen y decidir qué hacer con ellas es la base del desarrollo personal.

Aprendí que el verdadero bienestar no llega cuando todo está bien fuera, sino cuando uno se hace responsable de su mundo interior.

Hay que parar en boxes

La vida nos empuja, nos arrastra, nos exige velocidad. Vivimos atrapados en mil automatismos, como si corriésemos detrás de nosotros mismos, sin tiempo para pensar. En la cárcel descubrí el valor del silencio, de la soledad, de esos momentos en los que solo queda escucharte.

Hoy sé que todos necesitamos reservar espacios para revisar hacia dónde vamos, comprobar si seguimos en el camino correcto y elegir, con consciencia, cómo queremos continuar recorriéndolo.

Siempre nos queda una última libertad: la actitud

Por muy oscura que sea la situación, siempre queda un territorio inviolable: la manera en la que decides enfrentarte a lo que te ocurre. No elegí mi condena ni el aislamiento ni el juicio público.

Pero sí pude elegir qué hacer con todo eso. Y esa elección lo cambió todo.

Nunca es tarde para reinventarse. Para vivir con *flow*

Nunca es tarde para dar un golpe de timón a tu vida, para decidir explorar otros caminos, para poner patas arriba la que creías tu escala de valores. No mires hacia atrás con un exceso de nostalgia, no pienses en el tiempo perdido, no te ancles al pasado ni a rencores que sin duda ya están caducos.

Mantén siempre tu mente concentrada en disfrutar el presente, y la ilusión proyectada en el futuro. Y aprende a fluir de nuevo con tu verdadera esencia.

Estos aprendizajes me enseñaron que una historia no termina hasta que llega el verdadero e ineludible punto final. Muchos finales que se perciben como tales son solo un punto y aparte, o la antesala para comenzar otro capítulo.

Mientras quede vida, queda mucho por contar.

QUINTA PARTE

El nuevo Iñaki

Un hombre por encima de su ego

Hace poco, en el marco de mi proyecto profesional Bevolutive, tuve junto a mi equipo una reunión de trabajo con Juan Rovira, *coach* ejecutivo en puestos de alta dirección. Ya habíamos coincidido muchos años atrás, durante mi etapa como consejero de Telefónica donde él era directivo, pero nuestra relación nunca había pasado de ser cordialmente superficial.

La vida, con esa habilidad que tiene para cerrar círculos cuando menos te lo imaginas, nos volvió a poner frente a frente en un contexto completamente distinto.

Mi socia me había hablado de una metodología de *coaching* que Juan había desarrollado y que creía que podía sernos muy útil para algunos de nuestros programas, así que quisimos pedirle que nos la enseñara y nos permitiera adaptarla.

Lo invitamos al despacho y la primera reunión transcurrió de forma profesional y agradable. Intercambiamos ideas, nos explicó su método, le presentamos lo que nos gustaría hacer con él. Y quedamos en vernos de nuevo para profundizar en los detalles y formalizar la colaboración.

Pero fue en la segunda reunión cuando ocurrió algo que no esperaba. En mitad de la charla, cuando esta había derivado de forma natural hacia la época en la que nos habíamos conocido, Juan me dijo:

—Oye, quiero ser honesto contigo. En nuestra primera reunión yo no vine solamente a descubrir nuestro potencial de colaboración. Tenía también la intención de comprobar algo. Necesitaba ver si eras el Iñaki que conocí hace años... o si me iba a encontrar a alguien distinto.

Lo miré sorprendido, sin saber muy bien qué contestarle. Y él continuó:

—Lo vi enseguida. Antes eras un hombre por encima de su ego. Ahora eres un Iñaki diferente. Otra persona. Te acercaste a mí de forma genuina, para escuchar y aprender. Eso fue lo que me convenció a prestaros mi metodología.

Agradecí su sinceridad, por supuesto, aunque debo admitir que su comentario también me escoció un poco. Pero solo porque me recordó a aquel otro Iñaki. El que se había dejado llevar por la inercia, el que se había desconectado de su esencia.

Y, a la vez, sentí alivio.

Porque aquella mirada externa confirmaba algo que yo ya sabía: todo el viaje interior vivido en la cárcel había dado su fruto. Había servido para algo. Y este Iñaki se movía y se comunicaba ahora desde otro lugar.

Esta parte del libro va a hablar de este Iñaki. Del hombre que salió de la cárcel, que tuvo que volver a encontrar su lugar, comenzar de cero y reinventar su vida.

Si puedes conservar la cabeza cuando a tu alrededor todos
la pierden y te echan la culpa;
si puedes confiar en ti mismo cuando los demás dudan de ti,
pero al mismo tiempo tienes en cuenta su duda;
si puedes esperar y no cansarte de la espera,
o siendo engañado por los que te rodean, no pagar con mentiras,
o siendo odiado no dar cabida al odio,
y no obstante no parecer demasiado bueno, ni hablar con demasiada sabiduría…

Si puedes soñar y no dejar que los sueños te dominen;
si puedes pensar y no hacer de los pensamientos tu objetivo;
si puedes encontrarte con el triunfo y el desastre
y tratar a estos dos impostores de la misma manera;
si puedes soportar el escuchar la verdad que has dicho:
tergiversada por bribones para hacer una trampa para los necios,
o contemplar destrozadas las cosas a las que habías dedicado tu vida
y agacharte y reconstruirlas con las herramientas desgastadas…

Si puedes hacer un hato con todos tus triunfos
y arriesgarlo todo de una vez a una sola carta,
y perder, y comenzar de nuevo por el principio
y no dejar de escapar nunca una palabra sobre tu pérdida; y si puedes
obligar a tu corazón, a tus nervios y a tus músculos
a servirte en tu camino mucho después de que hayan perdido su fuerza,
excepto la Voluntad que les dice «¡Continuad!»

Si puedes hablar con la multitud y perseverar en la virtud
o caminar entre reyes y no cambiar tu manera de ser;
si ni los enemigos ni los buenos amigos pueden dañarte,
si todos los hombres cuentan contigo pero ninguno demasiado;
si puedes emplear el inexorable minuto
recorriendo una distancia que valga los sesenta segundos,
tuya es la Tierra y todo lo que hay en ella,
y lo que es más, serás un hombre, hijo mío.

RUDYARD KIPLING, «Si…»

Capítulo 11

Encontrando mi lugar

Salir de la cárcel no se parece en absoluto a lo que muestran las películas. No existe esa imagen en la que se abren unas puertas metálicas, el preso cruza el umbral con una maleta en la mano y al otro lado le esperan sus seres queridos, dispuestos a fundirse en un gran abrazo y conducir juntos hacia una puesta de sol idílica.

Como ya he explicado, la reincorporación a la libertad es un proceso gradual, que se va produciendo por fases. Y en la última etapa de ese tránsito, cuando finalmente me concedieron el tercer grado, la alegría y el alivio se combinaron con cierta tristeza, pues comencé a darme cuenta de una dura revelación.

El nuevo Iñaki, el que había evolucionado dentro de la prisión, no tenía un lugar bien definido esperándole fuera. Sí que tenía a mis seres queridos esperándome, por supuesto. Pero ellos, como es lógico, se habían acostumbrado a vivir sus vidas sin mí. Y, además, yo era ahora otra persona. Yo había cambiado. Y me costaba vislumbrar cómo ese nuevo Iñaki podría volver a encajar en su antigua vida.

Cuando comencé el tercer grado me invadió una nueva soledad. Era, obviamente, distinta a la del módulo de Brieva, esta era una soledad mucho más difícil de definir y de comprender.

Vivía en casa de mi madre, en Vitoria, arropado por ella, y en teoría tenía mucha más libertad para ver y hablar con los míos, sí…, pero percibía un vacío extraño a mi alrededor. Aquellas visitas quincenales de Cristina y los niños, que en prisión eran un ritual casi sagrado y todo un salvavidas emocional, se espaciaron. No por falta de cariño, eso lo tengo claro, sino porque supongo que dejaron de percibirse como tan necesarias. Sencillamente, la vida estaba recuperando su pulso. Yo había salido… y los demás podían descansar de la preocupación constante de saberme aislado en una celda. Era comprensible, claro, había sido un proceso duro para todos, no solo para mí. Y jamás aspiré a que el planeta Tierra frenara en seco para recibirme con los brazos abiertos, pero tampoco había estado preparado para aquella sensación de, no sé cómo llamarla… ¿desarraigo, quizá? Una sensación que no tenía muy claro si era una realidad o solo imaginaciones mías. Que tampoco sabía si sería temporal o tendría solución. Pero era algo que me gritaba todo el rato que, mientras yo había estado detenido en el tiempo mil días, el mundo no se había parado ni un solo instante. Que toda la evolución interior, que yo había tejido silenciosamente y en soledad, era un proceso ajeno y extraño para quienes habían seguido con sus vidas afuera.

Al principio del tercer grado no podía salir de España, así que me organizaba para viajar a Barcelona y coincidir allí con Cristina y mis hijos cuando podían venir desde Ginebra o Inglaterra, donde estudiaban. Más adelante, cuando por fin me autorizaron viajar a Suiza, también comprobé que me costaba sentir mi antiguo hogar como si todavía lo fuera. Mis hijos mayores ya vivían fuera: Pablo, Juan… incluso Miguel empezaba a hacer su vida independiente. Irene era la única que seguía en Ginebra. Cada uno estaba inmerso en sus rutinas, en sus estudios, en sus trabajos… ¡Y cómo habían crecido! Yo dejé unos adolescentes y a la vuelta me encontré con unos jóvenes preadultos. Me sentía, de algún modo, un visitante ocasional, un *outsider* intentando encontrar un hueco en una vida familiar que había aprendido a funcionar sin mí. Y esa era una sensación muy difícil de gestionar. Muy dolorosa.

Ni un gracias ni un lo siento

Lo que también comprendí en esos primeros meses de vuelta parcial a la libertad es que la familia real (salvo contados miembros) no parecía dispuesta a reconstruir la relación conmigo. Durante todos mis años de juicio y prisión había llevado mi calvario en silencio, intentando no comprometer a nadie, sin pedir ningún tipo de corresponsabilidad a las personas que —según sus propias palabras— reconocían que, sin este apellido o este matrimonio, nada de aquello habría ocurrido tal como ocurrió.

Pero, al salir, sí que pensé, ingenuamente, que habría algún gesto. Me habría bastado una conversación. Recibir un simple «¿Cómo estás?», o un «Gracias por la discreción», o un «Sentimos haberos dejados solos», o «Has pasado por un infierno y lo has superado, enhorabuena». O incluso algo más práctico: «¿Qué necesitas para arrancar?», «¿Podemos ayudarte en algo en este nuevo comienzo?».

Porque, si bien es cierto que durante esos años Cristina y los niños habían recibido ayuda —algo que siempre he agradecido—, para mí no parecía que fuera a haber ni un gesto humano de acercamiento. Nada.

Todos seguían a lo suyo, atendiendo sus prioridades, y yo… no era una de ellas. En cierto modo, era normal. Pero en aquel momento tan vulnerable, comprender que la familia de Cristina no iba a dar ni un solo paso por pequeño que fuera, ya que no lo habían dado antes, me dolió.

La falta de una simple conversación se fue convirtiendo con el paso de los meses en un peso enorme que me oprimía el pecho. Finalmente, fui yo quien solicitó a don Juan Carlos hablar con él. Lo hice el día de la graduación de mi hija Irene en Ginebra, a la que había acudido parte de la familia real, incluido el rey emérito.

La charla fue, como siempre, educada y cordial, pero yo salí de su habitación del hotel Four Seasons peor que entré, sin haber visto ni un atisbo de lo que me hubiese gustado encontrar.

Salí con la sensación de que, para ellos, yo había hecho lo que se esperaba de mí. Había aguantado... y ya está. Como todos habían dado por supuesto que haría. A partir de ahora tocaba seguir adelante, cada uno con lo suyo, cada cual por su camino. Y sin mirar demasiado hacia atrás.

Me quedó muy claro cuál era su plan. Y tuve clarísimo que no me quedaba más remedio que ponerme a trazar el mío por mi cuenta.

Un amor transformado

El Iñaki que salió de prisión se encontró abrumado por una antigua normalidad que, paradójicamente, ya no reconocía como propia. He intentado explicarlo de muchas maneras a lo largo de estas páginas: al recuperar la libertad me sentí profundamente desubicado. Y no fue una sensación pasajera, sino un desencaje persistente, silencioso, difícil de describir.

A ese desconcierto se sumó el reencuentro con una Cristina exhausta. Durante años había sostenido a nuestra familia con una fortaleza admirable: atravesó el proceso judicial, los años de prisión, la gestión de las visitas, la logística del día a día, la exposición mediática y, además, el desgaste emocional con su propio entorno. Siempre ha tenido la generosidad de reconocer que nada de lo que vivieron quienes estaban fuera era comparable a lo que yo viví dentro. Pero eso no resta un ápice de mérito a todo lo que ella sostuvo. Cargó con un peso inmenso y lo hizo con una dignidad que siempre admiraré, sin límites, y siempre le estaré agradecido por ello.

Sin embargo, llegó un momento que fue inevitable para mí reconocer que nuestra relación había cambiado. El largo infierno que habíamos pasado había erosionado nuestra vida de pareja. Habíamos sufrido mucho y, sobre todo, habíamos evolucionado de manera distinta. La conexión entre nosotros seguía siendo profundamente afectuosa —y lo es a día de hoy, y deseo que siempre lo sea—, pero aquella intensidad que durante tantos años nos había mantenido unidos contra el mundo se había transformado en otra cosa.

Cristina seguía viviendo en Ginebra con Irene. Nos veíamos de forma puntual, sin planes compartidos, sin proyectos, sin conversaciones que dibujaran un «nosotros» más allá de la coordinación necesaria para cuidar del proyecto familiar. Poco a poco, casi sin darnos cuenta, nos habíamos convertido en dos buenos amigos, unidos por el mayor y más hermoso proyecto de nuestras vidas: nuestros cuatro hijos.

Y en ese escenario, con el amor transformado en algo diferente, hermoso pero diferente, yo seguía preguntándome dónde estaba mi lugar. Sentía gratitud, cariño, admiración… pero también una inquietud profunda, una sensación de no estar del todo en mi vida, de necesitar ubicarme de nuevo, encontrar un espacio desde el que poder ser honesto conmigo mismo y empezar a vivir desde lo que ahora era.

Volver a empezar

Como ya he explicado antes, durante este periodo, mientras cumplía el tercer grado, comencé a trabajar en una asesoría. Allí pude poner en práctica mi formación del máster de *coaching* y empezar a ejercitar las herramientas y conocimientos adquiridos para acompañar tanto a personas como a empresas. Con el paso del tiempo, aquel lugar ha llegado a significar para mí el verdadero punto de partida donde comenzó mi reinicio.

Llegué a la asesoría con la autoestima por los suelos, con mi ánimo y mi seguridad aplastados bajo el complicado peso de todo lo vivido. Y, para mi sorpresa, fue allí donde empecé a redescubrirme como profesional y, sobre todo, como persona. Una pregunta se iba perfilando cada vez con más esperanza en mi corazón: ¿estaba en el camino correcto para lograr una nueva oportunidad en la vida?

Y la respuesta cada vez parecía más real, más cercana.

Tenía una rutina nueva en Vitoria, un entorno laboral distinto, un proyecto profesional, pero todo eso apenas empezaba a tomar forma. Todo eso era aún frágil, provisional, incierto. Sin embargo, por primera vez en mucho tiempo, sentía que todo empezaba a tomar sentido. Recordaba a menudo aquel verso de Miquel Martí i Pol —*«tot està per fer i tot és possible»* ('todo está por hacer y todo es posible')— de su poema «Ara mateix» y me sorprendía pensando que quizá, por muy delicado que fuera el equilibrio que se iba articulando a mi alrededor, el nuevo Iñaki empezaba, tal vez, a encontrar su sitio.

Se habla muy poco de lo que supone salir de prisión. De ese momento en el que se abren las puertas, pero no existe un manual para reconstruirse. Estoy seguro de que mi experiencia no es tan distinta de la que viven muchas otras personas al recuperar la libertad, aunque cada cual encuentre su propio camino. En mi caso, necesitaba dar sentido a todo lo aprendido, dar un espacio real a esa transformación interior y volver a sentirme valioso. Necesitaba ilusionarme de nuevo con una vida que, sabía, sería muy diferente a la anterior, pero que por primera vez percibía verdaderamente mía.

Y fue en ese contexto —en plena búsqueda, en pleno intento de volver a empezar— cuando la vida, una vez más, me tenía preparada una sorpresa.

Apareció Ainhoa. Y su llegada supuso una energía nueva en mi vida, que se adaptaba perfectamente con la etapa de transición, de superación personal, de construcción de una nueva identidad en la que me encontraba inmerso.

¿Y quién era ese nuevo Iñaki que yo mismo estaba construyendo?

Pues era alguien que empezaba a recuperar el coraje que antaño había marcado su manera de estar en el mundo. Un coraje —reconozco que a veces mezclado con un punto de inconsciencia, de ingenuidad— que siempre había aparecido cuando había hecho falta tomar grandes decisiones. Yo sentía unas ganas enormes de pasar página, de dejar atrás la versión de mí mismo marcada por la condena y la prisión. Y quizá por eso nació también la necesidad de imaginar una nueva vida donde esa nueva versión pudiera encontrar su lugar.

Una vida cerca de mi madre —la otra gran superviviente de esta historia, además de Cristina y nuestros hijos— y en Vitoria, una ciudad profundamente ligada a mi biografía, donde aún conservaba amistades de verdad. El escenario perfecto para constituirse como mi punto de partida, donde recuperar todo lo que echaba de menos, el deporte, los amigos de siempre, la tranquilidad… donde todo volviera a ser más sencillo, más reconocible para el niño y el joven que fui.

Una vida que, poco a poco, empecé a sentir, cada vez con más fuerza, que podría estar cerca de Ainhoa. Con ella, el mundo había dejado de darme miedo para empezar, otra vez, a parecerme un desafío emocionante. Cerca de ella, el pasado ya no pesaba con tanta rotundidad.

Ainhoa era compañera de trabajo en la asesoría. Al principio, compartíamos las comidas con el resto de la oficina y comenzamos a hablar en esos huecos de descanso. Pero casi sin darnos cuenta, fuimos apurando nuestras sobremesas hasta que nos quedábamos sentados solo ella y yo. Nuestras conversaciones eran fáciles, serenas, fluían de una forma natural y encontrábamos en el otro una escucha sincera y sin juicio. Charlas que eran puro bálsamo para mí. Y que, cuando terminaban, porque había que volver al trabajo, siempre dejaban ganas de seguir un poco más. Charlas que fueron el germen de otras más profundas, y de unos sentimientos que comenzaron a aflorar sin previo aviso, y que, por inesperados y sorprendentes, no pudimos o no supimos evitar.

Me siento dividido entre dos impulsos. Por un lado, la necesidad de no extenderme demasiado sobre esta nueva relación; por otro, el corazón, que me pide contaros muchas cosas, porque Ainhoa es una parte esencial de mi presente, ojalá de mi futuro y de mi felicidad actual. Pero he aprendido —y quiero ser coherente con ello— que este nuevo momento vital pasa, entre otras cosas, por la discreción en mi esfera personal. Después de tantos años de exposición, de haber vivido un matrimonio con una dimensión institucional y pública tan marcada —inevitablemente presente en este relato por la importancia que tuvo en mi historia personal y también por su vínculo con los acontecimientos que aquí se narran—, creo que debo intentar proteger en la medida de lo posible mi vida íntima.

Lo último que desearía sería colocar a mi pareja actual en el ojo del huracán. Sé cómo funciona el foco mediático, sé que cada palabra que diga sobre ella puede ser diseccionada, malinterpretada o sacada de contexto. Ya ha ocurrido. Ya se han dicho cosas de ella que no son ciertas, ya se la ha juzgado sin conocerla. No quiero exponerla más. No quiero que pague un precio que no le corresponde.

Pero tampoco quiero restarle importancia a lo que siento ni a lo que ella es para mí. Podría decir muchas cosas bonitas de Ainhoa —y todas serían verdad—: su juicio crítico, su capacidad de escucha, su valentía en momentos clave, su honestidad, su asertividad, su manera de inspirar y de transformar en positivo a quienes la rodean. En un momento en el que, ya lo he dicho, mi autoestima estaba por el suelo, su cariño y su comprensión fueron claves para que pudiera encontrar el camino de mi reconstrucción.

Siempre digo que nuestro gran punto fuerte es la comunicación, una comunicación basada en la confianza. Tenemos la capacidad de hablarnos desde la calma, de compartir absolutamente todo lo que nos ocurre. Disfrutamos de planes sencillos, de hacer deporte juntos, de conversaciones largas, pausadas y honestas. De esas cosas pequeñas que ambos estamos convencidos que dan sentido a la vida.

No quiero extenderme más sobre mi vida en pareja, la presente o la pasada, espero que lo entendáis. Son historias que no me pertenecen del todo y que involucran sentimientos ajenos, profundos y legítimos, que respeto sinceramente.

Cerrar una etapa con Cristina y comenzar otra con Ainhoa fue, inevitablemente, uno de los episodios que más controversia generó en nuestras vidas. Lo entiendo. Entiendo las miradas externas, los juicios rápidos, las opiniones construidas desde fuera. Y entiendo también —porque lo vivieron en primera persona— el dolor y la exposición que ellas mismas tuvieron que soportar.

Quizá haya quien piense que Cristina y yo deberíamos haber aguantado una relación profundamente erosionada por el peso de la condena, la presión mediática y los años de prisión. Pero yo sentí que aferrarnos a algo que se había inevitablemente deteriorado no era la mejor manera de honrar ni lo vivido ni lo que aún estaba por venir.

Elegí, con todo el dolor que eso conllevó, apostar por la honestidad, por aprovechar el tiempo que nos queda, por intentar ser lo más sinceros posible con nosotros mismos y, desde ahí, también con los demás.

Hubo dolor, sí. Mucho. Nadie sale indemne de decisiones así.

Pero también creo que, al final, conseguimos que prevaleciera el cariño y el respeto por todo lo compartido.

Aceptar mis decisiones

Aceptar mis decisiones nunca ha sido sencillo para mi familia. Soy consciente de que, a lo largo de mi vida, les he supuesto un reto constante.

Cuando decidí dedicarme al balonmano e irme a Barcelona, dejando atrás Vitoria y el núcleo familiar, no fue fácil. Mis padres siempre nos han impulsado a volar, a valernos por nosotros mismos. Y estaban satisfechos de que yo hubiera respetado los plazos y el compromiso que se me pidió en un principio: terminar mis estudios. Pero, al mismo tiempo, para una familia tan unida como la nuestra, no dejaba de ser un poco duro ver a uno de los suyos lejos de la tribu, del hogar compartido, del día a día que nos había definido.

Mis años de popularidad trajeron nuevos desafíos. Aceptar una vida que podía parecer privilegiada implicaba, en realidad, renuncias silenciosas, obligaciones permanentes y una exigencia que no siempre se percibe desde fuera.

La aceptación de mi condena y de mi entrada en prisión tensó nuestra relación hasta límites que no habíamos conocido. Fue una etapa durísima para todos, también ellos tuvieron que sufrir la exposición, la presión mediática, además de la preocupación por mí. Hubo conversaciones incómodas y dolorosas. Y, sin embargo —o quizá precisamente por eso—, salimos de esa época más unidos, con un vínculo más profundo que nunca.

Después de todo aquello, tocó pedirles, por si fuera poco, que aceptaran también mi divorcio, que comprendieran mis razones, que me apoyaran. Fue otro proceso complicado. Les costó entenderme, puede que fuera excesivo pedirles tanto. Nunca les he puesto las cosas fáciles.

A veces pienso que aceptarme, con todas mis complejas decisiones, ha sido para mi familia un ejercicio de amor continuado. A todos ellos les debo agradecer algo esencial: haberme querido siempre, de la mejor manera que ha estado en sus manos.

Probablemente, en ausencia de mi padre, la mayor fuente de comprensión que he tenido ha sido mi madre. Ella siempre me ha hecho las preguntas que ha considerado imprescindibles y ha sabido aceptar sin cuestionarme mis cambios, mis batallas y mis planes para ser feliz.

Pero, sin lugar a dudas, hay alguien que ha tenido que aprender a aceptarme posiblemente con más esfuerzo que nadie, y ese alguien he sido yo mismo.

Querer hacer las cosas bien no es ninguna garantía de que salgan bien. La vida ya me ha enseñado, de la forma más dura posible, que incluso con la mejor intención las cosas pueden salir mal. Muy mal. Pasar por prisión fue la consecuencia directa de errores que cometí y asumirlo ha sido, probablemente, el ejercicio más doloroso de toda mi vida. Pero no fue el único.

Aceptar cómo gestioné mi ruptura y el inicio de mi relación con Ainhoa ha sido otro de los grandes retos de este camino. Yo puedo comprender —y aceptar— la necesidad que latía en mí de cerrar una etapa, pero hay algo que siempre me costará perdonarme: la aparición de aquellas fotografías en la prensa, antes de que hubiera tenido tiempo de explicar debidamente a mis hijos (con Cristina ya había hablado, pero no con ellos) la situación que estaba atravesando. Mi mala gestión de los tiempos y de la comunicación hizo que el asunto fuera demasiado doloroso para todos.

Hacer sufrir de nuevo a Cristina y a mis hijos jamás formó parte de mi idea de empezar de cero. Mi deseo era ganarme la oportunidad de ser un padre que sumara, que cuidara, que reparara. Y, sin embargo, una vez más, todo salió mal. Volví a fallar en la forma, aunque creyera tener claros los motivos de fondo.

Viajé un par de veces a Ginebra para hablar con ellos, para mirarlos a los ojos y pedirles perdón. Teniendo en cuenta que yo no voy a poder perdonarme nunca, no sé si tenía derecho a pedirles a ellos que lo hicieran. Quizá no. Lo único que sé es que necesitaba decirles que, pese a mis torpezas, mis errores y mis decisiones mal gestionadas, su padre imperfecto los quería y los querrá siempre.

Como he dicho antes, la aceptación es un acto profundamente generoso. Mi familia ha tenido que practicarla conmigo durante toda mi vida.

Confío en que la vida que estoy construyendo ahora —y que estoy intentado reflejar con la máxima honestidad en estas páginas— me permita la posibilidad de no volver a hacerles daño desde la inconsciencia. De ofrecerles solo muchas victorias y aciertos para aceptar.

No más errores.

Un padre diferente

Durante demasiado tiempo no pude estar al lado de mis hijos, y esa ausencia —no lo oculto— sigue doliendo mucho. El tiempo perdido es, quizá, una de las pocas cosas que aún hoy me generan verdadera angustia.

Han crecido. Ya son adultos, ya vuelan solos, y es ley de vida que así sea. Pero en algún rincón del alma permanece la tristeza de haberme perdido demasiados momentos compartidos, demasiados gestos cotidianos que no volverán. Esa conciencia me acompaña cada día.

Mi objetivo hoy como padre es sencillo y exigente a la vez. Ya no me necesitan como antes ni a su lado constantemente, y lo acepto con naturalidad. Pero sí quiero estar disponible siempre que lo precisen. Crear ocasiones para compartir tiempo, experiencias, conversaciones honestas que nos acerquen y nos mantengan conectados.

No puedo sentirme más orgulloso de los cuatro. De su manera de ser, de cómo han afrontado todo lo que les ha tocado vivir, de la madurez, la sensibilidad y la fortaleza que han demostrado. Hay tantas cosas que les agradezco, tantas actitudes que admiro, que hablar de ellos es, para mí, una pequeña forma de rendirles el homenaje que se merecen.

Como ya he contado, Juan vive en Londres desde hace unos pocos años, trabaja allí y se le ve pleno, asentado. Creo sinceramente que ha encontrado una ciudad que encaja con su ritmo interior, con su carácter y con su forma de mirar el futuro.

Nuestro hijo mayor es excepcional en todos los sentidos. Cariñoso, buena persona, avanza por la vida sin esconder al niño que aún habita en él, sin perder nunca esa mezcla de inocencia y lucidez que lo hace tan especial. Es amigo de sus amigos, leal, alguien con quien se puede contar, y posee una empatía poco común para comprender a los demás y relacionarse desde lo auténtico.

Como primogénito, le tocó vivir nuestra inexperiencia, nuestros errores como padres primerizos, y su respuesta siempre ha sido la comprensión. Su sencillez —que no simpleza— sorprende. Tiene una memoria prodigiosa, recuerda personas y momentos con un nivel de detalle exquisito, y un humor fino e inteligente que ilumina cualquier conversación.

Pablo, por su parte, ya lo sabéis, está felizmente instalado en Barcelona, estudiando el último año de la carrera de Sport Business y convirtiéndose poco a poco en el enorme jugador que está destinado a ser —que ya es— y, sobre todo, en una persona extraordinaria.

Nuestro segundo hijo tiene una personalidad artística, talentosa, casi genial. Su carácter tímido e introvertido puede hacerlo parecer callado y reflexivo, como si viviera en su propio mundo y descendiera a la Tierra solo de vez en cuando para conectarse con los demás. Pero cuando lo hace, deja huella. Sus palabras suelen llegar en forma de titulares precisos, meditados, que no pasan desapercibidos.

Es una persona muy sensible, con una vida interior intensa, que guarda muchas cosas dentro. Observa, siente, procesa. Y tengo la certeza de que aquello que se proponga será capaz de conseguirlo.

Miguel, el tercero, vive ahora en Madrid. Estudió Biología Marina en Southampton, Inglaterra, y trabaja en un fondo para la creación de espacios sostenibles para la ciencia y la innovación. Miguel tiene una intuición silenciosa que siempre me ha impresionado.

Fue el primero que me dijo:

—Papá, tú tienes que escribir un libro. La gente tiene que conocer la verdad de todo.

Supongo que esta era su forma de luchar contra tantos años de ruido externo, de incomprensión, de titulares distorsionados. Creo que Miguel sintió que mi silencio empezaba a pesar demasiado, y no solo a mí. Y me lo dijo de la forma más directa y más cariñosa que se puede decir algo así: «Escribe, papá. Tienes que contar tu verdad».

No voy a negar que aquellas palabras fueron una de las semillas que germinaron con más fuerza en la decisión de escribir este libro. Miguel tiene ese talento especial: con muy pocas palabras, es capaz de acertar en la diana de cualquier asunto.

Recuerdo, por ejemplo, la conversación que tuvimos cuando anuncié a mis hijos que iba a ingresar en prisión.

Miguel me miró y fue el único que me preguntó:

—¿Y esto… va a cambiar algo?

—¿Qué quieres decir? —le pregunté.

—¿Va a tener consecuencias entre mamá y tú?

Aún hoy, al recordarlo, se me encoge algo por dentro. Yo intenté tranquilizarlo, decirle que si hacíamos las cosas bien, no tenía por qué afectar a nuestra familia; que incluso podríamos salir reforzados. Y lo dije creyéndolo. De verdad que lo creí.

La realidad, claro, fue otra.

Nunca he sacado a colación aquella conversación con Miguel. No sé ni siquiera si él la recuerda. Pero ahí está, como tantas cosas que los hijos perciben antes incluso de que los adultos nos atrevamos a mirarlas de frente. Miguel, con una sola pregunta, vio venir algo que yo todavía no quería —o no podía— ver.

La intuición es, sin duda, uno de los grandes superpoderes de Miguel, pero no es el único. Tiene también una extraordinaria capacidad comunicativa. Miguel se explica increíblemente bien. Muchas veces hemos abordado asuntos complejos y siempre me ha sorprendido su manera de exponerlos: con pausa, con claridad, con una reflexión profunda que permite que la otra parte no solo entienda lo que quiere decir, sino que se sienta comprendida.

Miguel sabe escuchar, construir y explicar desde un lugar empático, reflexivo y asertivo. Tiene ese don poco común de ordenar el pensamiento mientras habla, de ir tejiendo el discurso con respeto y sentido, sin imponerse, pero sin perder firmeza.

Aunque lo considero una persona seria, madura y analítica, dentro de él habita también un alma aventurera, casi guerrera, profundamente conectada con la naturaleza. El surf, la bicicleta o el esquí no son solo aficiones para él; son su válvula de escape, su forma de reconectar consigo mismo y con el mundo.

Y luego está Irene, la pequeña, que ahora estudia en Inglaterra, cursando el segundo año de Gestión de Eventos en la Universidad de Oxford. Esta carrera es, literalmente, la horma de su zapato. Un propósito que encaja con ella como si lo hubiera llevado escrito desde siempre.

Mis hijos, todos, han mostrado una resiliencia, una fortaleza y una madurez admirables. Aun así, quizá sea Irene quien más me fascina. Porque lo que ella ha conseguido… es extraordinario desde cualquier punto de vista.

Irene tuvo dificultades de aprendizaje desde bien pequeña debido a su dislexia y, aun así, ha sido capaz de lograr lo que muchos creían imposible. Y no en un contexto precisamente fácil, sino en uno de los más complicados que un adolescente puede vivir: la cárcel de su padre primero y el divorcio de sus padres después. Cualquier otra persona se habría quebrado. Ella no.

Sacó el International Baccalaureate —el prestigioso Bachillerato Internacional— con un esfuerzo que a sus hermanos quizá les habría costado la mitad. Y aun así, contra todo pronóstico, lo consiguió. Cuando llegaron las notas definitivas… recuerdo el mensaje, la llamada, la emoción. A Cristina y a mí se nos llenó el corazón. A sus hermanos también. Pero sobre todo se llenó el de ella: por primera vez creo que comprendió todo de lo que era capaz, se vio fuerte, se vio brillante, se vio sin ningún techo que la frenara.

Y no solo esto, después consiguió entrar en la Universidad Oxford Brookes.

Toda la familia nos implicamos lo mejor que supimos en sus estudios. Durante los años en casa, antes de ingresar en prisión, me sentaba con ella a hacer los deberes, a repasar, a reforzarla. Después, ya en tercer grado, en Vitoria, seguíamos haciendo clases de matemáticas *online*. Cristina, por su parte, movió cielo y tierra desde Ginebra: psicólogos, pedagogos, refuerzos... Todos, sus padres y sus hermanos, hemos estado siempre animándola y acompañándola, siempre le hemos ofrecido el entusiasmo y el apoyo que se merece. Y nuestra pequeña ha respondido convirtiéndose en una joven aún más increíble de lo que nunca nos podríamos haber imaginado.

Irene es social, social y social. Su capacidad para adaptarse a entornos distintos y disfrutar de ellos es verdaderamente sorprendente. Los planes parecen salirle de debajo de las piedras, como si tuviera un radar natural para conectar con las personas y con la vida que sucede a su alrededor.

Aunque se muestre segura y madura para su edad, Irene es también profundamente sensible. Posee esa virtud poco común de leer lo que no siempre se dice: interpreta gestos, tonos de voz, silencios. Interioriza todo con una intensidad absoluta. Muchas veces me viene a la cabeza esa frase suya, tan sencilla y tan reveladora: «Papá, ¿estás bien?», apenas unos segundos después de empezar una conversación. Irene lee rápido y lee bien las emociones, lo que flota en el ambiente.

Es solidaria de una forma natural, casi instintiva. Su prioridad es que los demás estén bien, incluso muy por delante de ella misma. Tiene un corazón atento, generoso, siempre dispuesto a cuidar.

Su lucha contra los elementos, contra todas las dificultades con las que se encontró, es de esas historias que te reconcilian con la vida.

Y que te inspiran.

A mí, desde luego, mis hijos me inspiran profundamente. Todos los días.

Y, aunque suene paradójico, creo sinceramente que la prisión me hizo mejor padre. Durante años fui un padre exigente, quizá demasiado controlador. Estaba pendiente de todo, demasiado. Vivía convencido de que mi manera de protegerlos era anticiparme, dirigir, corregir. En cambio, la cárcel —ese lugar donde pierdes cualquier control sobre tu vida— me obligó a entender que, en realidad, lo más valioso que podía ofrecerles no era el control, sino la confianza.

Hoy valoro cada minuto que me regalan. Me esfuerzo por ser un padre que escucha más de lo que habla, que anima más de lo que corrige. Cuando sufren un tropiezo, procuro estar ahí, sin invadir, simplemente disponible.

Y tengo la inmensa suerte de que hablan conmigo. De que me incluyen en sus dudas, en sus sueños, en sus miedos. Eso, para mí, es un enorme privilegio y uno de los grandes agradecimientos que siento en mi vida.

Al salir de la cárcel, comprendí que ellos ya eran casi unos adultos que intentaban hacer lo mejor que podían en cada etapa de su vida. Y que mi papel no era marcarles el paso, sino acompañarlos. De pronto, aflojé. Solté. Confié.

Mis hijos no necesitaban un padre perfecto, sino un padre presente.

Capítulo 12

Evolución

Cuando sales de prisión, no sales solo... sales con un estigma con el que no es fácil convivir ni avanzar. Porque haber cumplido condena no borra de un plumazo el juicio social que, queramos o no, sigue vigente.

Desde los primeros momentos, entendí que aquí fuera seguía existiendo un personaje —el que los medios habían construido durante años, el que yo mismo había asumido— y que iba a ser muy difícil que alguien se fijara en la persona... si no me ponía manos a la obra para remediarlo.

El estigma frena cualquier proceso de evolución

Por mucha fortaleza interna que hayas intentado construir, la estigmatización duele. Recuerdo situaciones especialmente desagradables: un banco que rehusó seguir trabajando conmigo y una financiera que se negó a poner un coche de *renting* a mi nombre, por decir solo un par. Aunque la mayoría de las reacciones eran solo miradas. Esquivas o demasiado largas. Miradas de las que pesan. Y no voy a negarlo: al principio lo pasé mal. Muy mal.

Hubo un debate que me afectó especialmente. En una época se llegó a plantear si debía retirarse mi camiseta del Palau Blaugrana. Aquello me golpeó fuerte. Yo había ganado más de cincuenta títulos con el Barça. Había formado parte del Dream Team del balonmano, de la historia de aquel club al que había entregado tanto.

Por suerte, tanto el presidente Josep Maria Bartomeu —a quien le tocó afrontar el momento más complicado— como Joan Laporta defendieron algo que para mí resultó profundamente reparador: que la camiseta colgaba allí arriba por mi trayectoria deportiva, no por mis errores ni mis caídas posteriores.

Que esa camiseta permaneciera colgada cuando salí de la cárcel significó mucho para mí. Significó, de algún modo, que se reconocía todo lo que fui como deportista, más allá del ruido posterior, más allá del Iñaki asociado al caso Nóos o del Iñaki yerno del rey. A lo largo de mi vida, he sido muchos Iñakis. Esa camiseta era una forma de decir que una persona no se reduce a un solo capítulo de su historia. Y eso me emocionó profundamente.

El Iñaki que soy ahora agradece todo el apoyo que recibe desde lo más profundo del corazón. Que se me acerquen las personas para transmitirme mensajes de empatía, que me animen en este proceso de empezar de nuevo, que me ofrezcan su mano… para mí significa más de lo que cualquiera puede imaginar. Es imposible que pueda explicaros lo feliz que me siento ante estos gestos.

Mi mayor ilusión es que la gente pueda conocerme de verdad. Que lo haga desde la curiosidad, sin prejuicios, y que descubra a la persona que hay detrás de la historia. Al Iñaki que ha atravesado un naufragio y ha renacido con más conciencia, más humildad y más gratitud.

Hoy me siento lleno de aprendizajes. De los momentos increíbles que he vivido, y también de las situaciones extremas que me pusieron a prueba y me obligaron a mirarme por dentro. Todo eso me ha traído hasta aquí.

Tengo un propósito claro. Y solo espero que la vida me conceda una oportunidad —con una me basta, no pido más— para llevarlo a cabo.

Una nueva mirada

Muchas de las personas con las que me encuentro en esta nueva etapa —gente que no había vuelto a verme desde antes de la cárcel— me preguntan cómo estoy. Lo hacen, casi siempre, con una preocupación sincera, aunque no exenta de cierta cautela, como si temieran rozar una herida todavía sensible. Y mi respuesta es siempre la misma, dicha con absoluta honestidad: estoy muy bien.

Porque lo estoy.

En lo personal, disfruto de mi tranquila vida en Vitoria, de mi relación con Ainhoa, de la buena sintonía con mis hijos, del orgullo compartido con Cristina por lo que hemos creado. Valoro profundamente el tiempo de calidad con mi madre y la relación cercana y sólida con la gran familia que formamos los hermanos Urdangarin Liebaert.

En lo profesional, atravieso una etapa intensamente creativa, social y expansiva. Junto a un increíble equipo humano, estamos diseñando e innovando programas y actividades orientadas al crecimiento personal en distintas etapas de la vida. Y la verdad es que compartir con este grupo excepcional de personas un proyecto tan maravilloso, repleto de valores e ilusión, me hace sentir parte de algo genuinamente bonito.

Siento que, por fin, estoy enfocando esta nueva vida con claridad y con una estrategia alineada con quien soy hoy. Rodeado de mi familia, de amigos de siempre y de nuevas amistades que han llegado para quedarse, avanzo con serenidad y convicción. No desde la prisa ni desde la necesidad de demostrar nada, sino desde el deseo profundo de vivir con coherencia, de construir, de aportar y de aprovechar a fondo la oportunidad que la vida quiera ofrecerme.

No puedo negar que todo este pasado que he querido compartir con vosotros a veces pesa. Me pesa a mí, y soy consciente de que también pesa a quienes se preguntan si colaborar o no conmigo y con el proyecto ilusionante que estamos construyendo. Lo entiendo. Entiendo las dudas, los miedos, las reservas. Vivimos en una sociedad que a menudo mira el pasado con lupa.

Pero yo estoy convencido de que todas las personas —todas— merecemos nuevas oportunidades. No porque olvidemos lo vivido, sino precisamente porque lo hemos atravesado. No somos una fotografía fija, sino un proceso en movimiento. La vida no se agota en un error ni en una etapa concreta. Y negarle a alguien la posibilidad de recomenzar sería negar una de las capacidades más humanas que existen: la de transformarnos.

Lo único que deseo es poder recibir una nueva mirada por parte de la gente. Que vean a la persona que soy ahora. Solo así podré tener la oportunidad de poner toda mi experiencia —la deportiva, la empresarial, la social y la del desarrollo personal—, todos mis conocimientos y toda mi formación, al servicio de los demás. Acompañar a personas de todas las edades a afrontar retos deportivos, personales y profesionales. Ayudarlos a levantarse, a reenfocarse, a crecer y a evolucionar.

Solo así, todo lo que he vivido en primera persona —lo bueno y lo malo, lo luminoso y lo extremo, las caídas y la transformación— cobra pleno sentido. Solo así ese camino recorrido se convierte en valor compartido. En un proyecto honesto, necesario y profundamente humano, del que, como ya he dicho, me entusiasma absolutamente todo.

Acompañar desde Bevolutive

Formar parte de un equipo ha definido siempre mi vida, y ver hoy cómo este equipo que me rodea no deja de crecer —con nuevas sinergias y colaboraciones— lo vivo como un auténtico regalo. Siento que, si esto sale bien, habré encontrado un trabajo extraordinario: ayudar, acompañar e impactar positivamente en las personas.

Hoy puedo decir que formo parte de otro verdadero Dream Team, lleno de talento, compromiso y generosidad. Personas con las que comparto valores humanos y visión profesional. Juntos estamos levantando desde cero un proyecto apasionante, tan honesto como ambicioso. Nos brillan los ojos cuando hablamos de lo que estamos creando, y esa ilusión se contagia: nuestros potenciales clientes vibran con nosotros, perciben la autenticidad y el propósito que hay detrás de cada propuesta.

Con Bevolutive en marcha, siento que todo lo vivido —cada etapa, cada caída, cada aprendizaje— era necesario para llegar exactamente hasta aquí, al momento vital en el que me encuentro hoy. Sé que no será un camino fácil, pero vuelvo a soñar a lo grande —como en mis tiempos de las mejores canchas—, sueño con impulsar transformaciones profundas en el mayor número de personas, en crear un verdadero impacto positivo en la sociedad.

Un ejemplo de nuestros programas

Voy a poner un ejemplo del mundo del deporte de alto rendimiento, que siempre me ha parecido muy revelador para comprender qué hacemos en Bevolutive, aunque, como luego veremos, nuestro objetivo es impactar en diferentes ámbitos. Pensemos en los deportistas olímpicos. Durante quince días —a veces tres semanas o un mes—, viven en un escenario maravilloso: la élite mundial, la atención mediática, el reconocimiento, la adrenalina. Pero después llegan los otros cuatro años… y esos, para la mayoría, son años durísimos. Algunos ni siquiera llegan a los próximos Juegos Olímpicos y otros, desaparecen: se lesionan, se retiran o simplemente no vuelven a clasificarse.

Todos conocemos casos —no hace falta poner nombres— de deportistas que tocaron la cima… y luego se fundieron. Y ¿sabéis por qué? Pues porque pasar del deporte de élite a una nueva vida supone enfrentar un vacío donde nadie te enseña a liderar tu futuro.

Se desmorona tu identidad y aparece la desmotivación, la confusión, la angustia… La mente busca desesperadamente ese propósito que daba sentido a todo. Y si nadie te ayuda a redefinirlo, el golpe puede ser devastador.

En España existen algunas iniciativas para preparar esta transición, y, aunque siempre son de aplaudir, y sin duda debemos valorar el esfuerzo de los profesionales que se dedican a ello, todavía falta camino por recorrer. Desde Bevolutive tenemos claro que en esta asignatura pendiente —acompañar de una forma integral y holística a quienes han entregado toda su juventud para darnos innumerables alegrías deportivas, ayudándolos a encontrar el propósito después de su carrera— podemos aportar mucho, con la acción y experiencia de un equipo formado por profesionales líderes.

El deporte como analogía. La vida como entrenamiento. El *coaching* como herramienta

Mi experiencia personal y profesional podría resumirse perfectamente en estos tres conceptos. Son, también, los pilares que definen lo que ofrecemos en Bevolutive, tanto en el ámbito deportivo como en el corporativo y el personal.

Como ya he adelantado, actuamos en campos muy diversos, y no todos están vinculados directamente a trayectorias deportivas. Sin embargo, estamos profundamente convencidos de que el deporte es una de las mejores escuelas para el desarrollo y el crecimiento personal. En las charlas que impartimos y en las conversaciones en las que participamos, incidimos con convicción sobre la importancia de la fortaleza mental en la experiencia deportiva de los más jóvenes y la influencia decisiva de la familia como espacio de seguridad y sostén.

Son muchas las preguntas que planteamos y a las que nos proponemos dar solución.

¿Cómo se construye realmente un Dream Team?

¿Cuál es el encaje adecuado de los distintos roles dentro de un equipo?

¿Y cómo se acompaña —o debería acompañarse— la transición del atleta hacia la retirada deportiva? ¿De quién es esa responsabilidad?

Pero lo que tenemos clarísimo es que los beneficios de una práctica deportiva bien integrada van mucho más allá del terreno de juego. Su impacto positivo se extiende a múltiples dimensiones de la vida personal, profesional y social. Por eso, desde Bevolutive trabajamos también en el ámbito personal y corporativo, acompañando en procesos tan necesarios como, por ejemplo, la experiencia de una jubilación plena mediante el aprovechamiento consciente de los años dorados tras el cierre de la etapa laboral. Un momento vital lleno de posibilidades, pero también de incertidumbres, que merece ser vivido con sentido y propósito.

Nuestra lista de iniciativas es ya extensa, y confío en que dentro de unos meses lo sea todavía más. Sé que unas pocas líneas no pueden resumir en profundidad el proyecto que hoy ocupa mi vida, pero ojalá estas palabras sirvan para transmitir que el futuro que estoy construyendo me resulta increíblemente motivador. Un futuro que me permite mirar hacia adelante con coraje, serenidad y la esperanza sincera de que todo va a salir bien.

Un futuro lleno de proyectos, de ideas, de logros, de encuentros con personas conocidas y por conocer, dispuestas a ofrecernos —mutuamente— buenas oportunidades para evolucionar.

Que la suerte, como dicen, nos encuentre trabajando. Desarrollando las actividades, programas y libros educativos en los que estamos inmersos.

Y que cada día se abran nuevos, largos y venturosos caminos.

Antes de despedirnos

Y con estas palabras hemos llegado al final de este libro. No al final de mi historia, que confío poder seguir escribiendo con todas las cosas buenas que la vida —estoy seguro— todavía me tiene reservadas. Siento que estoy preparado para pasar página, pero también sabía que, antes de volver a volar, necesitaba compartir el recorrido que me ha traído hasta aquí.

Necesitaba contar mi historia. Yo. Con mis propias palabras.

Quizá explicarse sea una necesidad profundamente humana. Para mí ha sido, además, una oportunidad de marcar un punto y aparte en mi vida. Y creo que se lo debía, de alguna forma, a todos aquellos que han sufrido conmigo.

Decidí escribir este libro —y también conceder la entrevista a Jordi Basté— porque sentí que ahora era el momento. He necesitado tiempo, mucho tiempo, para reunir el coraje suficiente y mostrarme así de vulnerable, así de imperfecto. Para presentarme sin la máscara del personaje, con mis debilidades y mis fortalezas, con mis errores y mis aciertos.

Aquí estoy, querido lector, querida lectora.

Con la voluntad sincera de mostrarme tal como soy y de cerrar definitivamente una etapa que ha generado dolor en los míos y decepción en muchas personas.

Este soy yo: una persona en evolución que necesitaba contar su historia.

Y siento que ahora es el momento porque estoy profundamente convencido de mi transformación, de mi capacidad para aportar al mundo todo lo bueno que hay en mí, de vivir desde un lugar más honesto, más sencillo y más consciente.

Deseo una vida feliz junto a mis hijos, junto a mi pareja, junto a las personas que amo. Quiero vivir desde la gratitud, desde la alegría serena de las cosas pequeñas. Como una llamada de uno de mis hijos, un atardecer compartido con Ainhoa, la charla con un amigo, el trabajo en equipo, las rutas en bicicleta, el cansancio al final de un día productivo o las gracias sinceras de alguien a quien he podido ayudar.

Aspiro a un día a día con sentido, que me regale paz y serenidad.

Y, sobre todo, deseo volver a vivir con *flow*.
He pasado demasiados años sin él.
Y lo he echado mucho de menos.

Aprendizajes de esta etapa

Desde mi salida de la cárcel no he dejado de recibir nuevas enseñanzas, la vida es un continuo viaje de aprendizaje, y lo que el nuevo Iñaki tiene más claro que nunca es que ser evolutivo significa estar muy presente en ese constante proceso de transformación, con plena conciencia, siempre abierto a mejorar, mirando hacia delante con ilusión y propósito, pero sin olvidar todo lo que el pasado me ha enseñado.

Volver a empezar siempre es posible, a veces necesario

Pasar página y construir una nueva identidad es el derecho de todo ser humano que se enfrenta a sus errores, aprende de ellos y desea mejorar. Para volver a empezar se necesita un propósito, un plan y mucho coraje.

Pero también personas que te acompañen en esta reconstrucción, que te apoyen al enfrentarte al vacío de tu antigua vida y liderar tu futuro con sentido y conciencia.

El estigma frena la evolución

Para poder evolucionar, es muy importante lograr una nueva mirada de la gente, una mirada que no se quede en el pasado. Una mirada que ofrezca a la persona que está en evolución la oportunidad de demostrar todo lo bueno que tiene para dar.

La responsabilidad propia en este camino pasa por presentarse sin máscaras ante los demás, sin miedo a mostrar vulnerabilidad, asumiendo los errores humildemente.

Los hijos no necesitan unos padres perfectos

Cuando los hijos crecen y se van convirtiendo en adolescentes o jóvenes preadultos, lo que cada vez necesitan más es que estemos presentes sin invadir, sin controlar, ofreciendo nuestro apoyo, comprensión y guía para cuando ellos lo crean oportuno.

Generar la posibilidad de compartir experiencias o mantener siempre abierto ese canal de comunicación es el camino para ganarnos su confianza y respeto.

Porque la familia como espacio de seguridad y sostén es la influencia decisiva que cualquier joven necesita para afrontar con fortaleza mental los retos personales y profesionales en la vida.

Agradecimientos

En primer lugar, quiero darte las gracias a ti, lectora, lector, que me has acompañado hasta aquí. Gracias por leerme, por haberme permitido mostrarte al Iñaki persona.

Deseo también dar gracias a la vida. Así, en general. Me siento profundamente agradecido por todo lo que he vivido. Y lo digo de verdad. A pesar de los valles que he tenido que atravesar, he de reconocer que las cumbres que alcancé fueron gloriosas; e incluso en los momentos más oscuros, también ahí, de alguna manera, fui un afortunado. Dentro de la prisión, por ejemplo, nunca me faltó el amor, y eso es algo que siempre agradeceré.

Quiero dar las gracias también a aquellas personas a las que en algún momento defraudé o hice daño por mis errores o mi inconsciencia, gracias por aceptar mis disculpas y acogerme de nuevo en sus vidas.

Ya he explicado lo que esperaba —o deseaba— de mi familia política en ciertos acontecimientos. Pero también he comprendido que cada cual actuó como pudo y como supo. Y todo, al final, me hizo crecer. Yo prefiero quedarme con lo positivo y todo lo aprendido, que es mucho.

Valoro mi experiencia con la familia real, porque —por encima de los capítulos difíciles que también existieron— fue para mí un entorno extraordinario. Un lugar que me permitió vivir experiencias únicas: conocer a personas excepcionales, estar en escenarios históricos y formar parte de ceremonias y espacios de la vida pública que muy pocas personas tienen la oportunidad de conocer.

Porque ya lo he dicho varias veces, una vida no se define por un único episodio, y la mía, desde luego, no es una excepción. Me quedo con el recuerdo de todo lo demás, que también fue verdad, y que, al menos para mí, fue bueno e importante. Aunque al final las cosas se torcieran y fueran dolorosas para algunos, el camino previo me aportó también mucho. Y doy gracias por todo ello.

Mi agradecimiento también más profundo a Sandra Bruna, mi agente literaria, no solo por su profesionalidad y talento, sino por su inmensa calidad humana. Ella fue la primera que creyó en este libro, la primera que comprendió exactamente qué quería contar y cómo, y ha peleado con uñas y dientes para que se haga realidad tal y como mi corazón lo soñaba. Gracias a ella y a todo su equipo, con una mención especial a M.J. Bausá, que con sus consejos, guía y revisión, me ayudó a dar forma a estas palabras para que expresaran de la mejor manera la narración que se había ido gestando en mi interior durante tanto tiempo en silencio.

Gracias también a la editorial Grijalbo y al maravilloso equipo que me ha acompañado en esta aventura y que ha hecho posible que este libro, y por lo tanto mi historia, vea la luz.

No me quiero olvidar de dar las gracias a mi amigo Quino Caldentey y a Zink Marketing, por haber plantado la primera semilla de Bevolutive y habernos ayudado a que se convirtiera en el proyecto ilusionante que es ahora.

Son muchas las personas —familia, amigos, conocidos, compañeros— a los que podría dedicar unas palabras. Es mucho el agradecimiento que alberga mi corazón al mirar atrás o al contemplar mi presente. Terminaré simplemente diciendo gracias a todas las personas que han formado parte de mi camino en cada etapa de la vida: en los comienzos llenos de ilusión, en los éxitos y en las caídas, en el deporte que fue mi escuela, en la familia que siempre fue refugio y en los momentos más difíciles, cuando el silencio y la soledad me obligaron a mirarme de frente. Gracias a quienes permanecieron cuando todo se complicó y a quienes llegaron después para ayudarme a levantarme, a aprender y a empezar de nuevo. Ellos saben quiénes son.